本书受到国家自然科学基金面上项目"投资者关注度分配
基于大数据分析与计算实验的视角（项目批准号：721

数字金融

证券型代币与
释放区块链的真正潜力

［美］巴克斯特·海因斯（Baxter Hines）／著

李　晓　沈德华／译

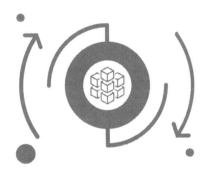

Digital Finance

Security Tokens and Unlocking the Real Potential of Blockchain

科学出版社

北　京

图字号：01-2022-0142

内 容 简 介

　　本书主要针对数字金融带来的区块链技术以及数字化资产进行全面细致的介绍。以区块链技术和证券型代币将带给金融市场更便捷、快速的解决方案，引领市场基础设施变革作为全书的开始，阐述一系列基本要素及基础知识，讨论证券型代币的特点、分析证券型代币系统等内容。本书从市场监管、关键国家与地区的态度、未来的发展前景、数字化资产的使用等角度进一步深层次阐述数字金融的发展潜力。作者深入浅出讲述了众多案例，从而帮助读者更通俗易懂地理解区块链技术、证券型代币的广阔前景。

　　本书适合对数字金融、区块链技术、证券型代币感兴趣、想要深入了解的读者参考阅读。

Title: Digital Finance: Security Tokens and Unlocking the Real Potential of Blockchain

　　by: Baxter Hines

　　ISBN: 9781119756323

图书在版编目（CIP）数据

　　数字金融：证券型代币与释放区块链的真正潜力 /（美）巴克斯特·海因斯（Baxter Hines）著；李晓，沈德华译. —北京：科学出版社，2024.1

　　书名原文：Digital Finance: Security Tokens and Unlocking the Real Potential of Blockchain

　　ISBN 978-7-03-077401-9

　　Ⅰ. ①数… Ⅱ. ①巴… ②李… ③沈… Ⅲ. ①数字技术-应用-金融业-研究 Ⅳ. ①F83-39

　　中国国家版本馆 CIP 数据核字（2024）第 000846 号

责任编辑：徐　倩 / 责任校对：贾娜娜
责任印制：赵　博 / 封面设计：有道设计

科学出版社 出版
北京东黄城根北街 16 号
邮政编码：100717
http://www.sciencep.com

北京凌奇印刷有限责任公司印刷
科学出版社发行　各地新华书店经销

*

2024 年 1 月第 一 版　开本：720 × 1000　1/16
2025 年 1 月第二次印刷　印张：10 1/2
字数：210 000

定价：126.00 元
（如有印装质量问题，我社负责调换）

原书作者简介

Baxter Hines，特许金融分析师（charted financial analyst，CFA），是 Honeycomb Digital Investments（蜂巢数字投资）的管理合伙人。2020 年与他人共同创立了该公司，为客户提供创收解决方案。他的公司管理的投资组合由传统资产、证券型代币和数字资产组成。

在 Allianz Global Investors（德盛安联资产管理）公司的全资子公司 NFJ Investment Group 工作的 12 年中，Hines 曾担任董事总经理、投资组合经理和多项国际价值战略的联席主管。在加入 NFJ Investment Group（NFJ 投资集团）之前，他是得克萨斯州教师退休系统的分析师，并且是路透社的金融系统专家。他拥有弗吉尼亚大学经济学学士学位和得克萨斯大学金融学工商管理硕士学位。他的投资理念和市场展望已在包括《巴伦周刊》（*Barron's*）和《华尔街日报》（*The Wall Street Journal*）在内的多家金融出版物中进行了介绍。Hines 拥有特许金融分析师称号，并且是达拉斯特许金融分析师协会的成员。

Hines 是 Camp Summit（营地峰会）的现任董事会成员和前主席，Camp Summit 是一家位于达拉斯的慈善机构，为残疾人提供夏令营体验。他与妻子、两个孩子住在得克萨斯州达拉斯市。

中文版译者简介

李晓，南开大学金融学院副教授、硕士生导师。主要研究领域为数字金融、公司金融和实证资产定价，主持国家自然科学基金青年科学基金 1 项和面上项目 1 项。在 *International Review of Financial Analysis*、*Pacific-Basin Finance Journal* 以及 *Journal of International Financial Markets*，*Institutions and Money* 等国际学术期刊发表论文 30 余篇。担任国际学术期刊 *International Review of Economics and Finance* 和 *Journal of Behavioral and Experimental Finance* 的副主编。

沈德华，南开大学金融学院副教授、博士生导师、百名青年学科带头人。首届"天津市青年人才托举工程"计划入选者、首届"系统科学与系统工程优秀博士学位论文奖"获得者。现任中国管理现代化研究会金融管理专业委员会副秘书长、中国工业与应用数学学会区块链专业委员会委员和中国信息经济学会理事等职务。主持国家自然科学基金青年科学基金 1 项、面上项目 2 项以及作为青年骨干参与国家自然科学基金重大项目 1 项。研究成果获中国管理学年会优秀论文、中国决策科学学术年会优秀论文以及欧洲金融管理协会最佳论文读者选择奖等。

本 书 简 介

数字金融带来的区块链技术以及数字化资产是一个当前迅速发展起来的全新话题，人们对它的了解还远远不够全面、深入。因此，编写一本关于数字金融的书非常有必要。

本书第 1 章对编写本书的原因和意义进行了全面详尽的阐述，提出了三个主要观点：区块链将引领下一代金融市场基础设施变革；证券型代币是一种传统所有权证明的数字化形式；区块链和证券型代币将通过提供更便捷和快速的金融市场解决方案颠覆投资行业。接下来，本书共分为三个部分来介绍数字金融。第一部分"魔法账本"包括第 2 章至第 5 章，对区块链、证券型代币以及可被代币化的资产的基础知识进行了详尽的介绍。本书在第 2 章中试图准确定义区块链，阐述了区块链的基本要素、如何建立区块链以及区块链的特点和优势。近年来，运用区块链技术的数字资产非常多，因此第 3 章给出了数字资产的类型，阐述了证券代币化的现状以及代币化的好处。第 4 章讨论了哪些类型的资产可以被代币化。第 5 章阐述了代币化资产带给市场的重大改变。

第 6 章和第 7 章组成本书的第二部分"创造数字包装器"。其中，第 6 章讨论了证券型代币的关键特性，涵盖了证券型代币为了满足用户体验和经济效益必要的构建模块。第 7 章分析了证券型代币系统。协议、发行平台和咨询服务共同组成了代币生态系统，用以支持代币的可持续性使用。

第三部分"实现证券型代币的潜力"包括第 8 章至第 11 章。第 8 章从监管的角度对证券型代币进行了高度概括，并回顾在评估司法管辖区的监管环境时需要思考的关键方面。世界各国对证券型代币的看法不同。当前趋势表明，较小、人口较少的国家正更快地向数字化发展。同时也对中国、美国等关键国家和地区的态度做了分析。第 9 章对数字资产和证券型代币市场的诸多必备要素进行了讨论，如可交易性、流动性、发展一级和二级市场管辖权、结算与清算等。证券型代币的优势意味着总有一天它能取代场外市场和传统的股票交易所。第 10 章探讨了区块链极大地改进贷款的发放和服务方式，去中心化金融催生了大量的贷款创新产品，是电子借贷和贷款行业的未来。第 11 章讨论了数字化资产的使用，认为使用人数将会继续呈现出指数级增长的趋势，千禧一代被定位为关键人群。当然，新冠疫情等突发事件也加速了区块链技术和数字资产的使用。

最后，本书在第 12 章做出了总结。作者认为进一步向金融市场的参与者普及区块链知识是数字资产能够广泛应用的关键，并进一步探讨了亚洲移动支付的兴起、蚂蚁金服成功应用区块链技术的原因，阐述了争夺区块链主导地位的注意事项，以及互联网繁荣时代的巨头在历史中的浮沉。

区块链技术是引领下一代金融市场基础设施改革的解决方案。区块链将对市场互动方式产生重大影响，世界正朝着这一方向发展。金融业的市场参与者需要对技术的工作原理、影响和可能对商业产生的后果有广泛的理解。本书旨在用每个人都能理解的方式解释区块链等相关概念。区块链和证券型代币能解决很多问题，但大众对这些技术的不了解阻碍了它们成为主流，希望当你阅读完这本书后，你能有把握地说你已经跨越这个障碍。

另外，本书的最后还提供了诸多有关数字资产以及区块链的学习资源，以供有兴趣的读者进一步学习。

免 责 声 明

请注意，本书仅可用于教育目的或供参考之用。此处包含的内容、数据和分析按原样提供，无任何明示或暗示的担保。

本书不能取代持照法律或金融专业人士的建议。读者须知，作者并不提供法律、财务、技术或其他专业建议。在尝试本书中讨论的任何工具、任何技术或投资之前，请咨询持照专业人士。

过去的建议和投资结果并不能保证未来的结果。使用任何图形、图表、公式或其他工具辅助从而决定交易哪些证券以及何时交易这些证券都会遇到许多困难，其有效性有很大的局限性，先前的模式可能不会持续或在任意一个特定情况下重复。此外，使用某类工具的市场参与者可能会影响市场，从而改变此类工具的有效性。

尽管作者和出版商已尽一切努力确保本书中的信息在出版时是正确的，但作者和出版商不对因错误或遗漏而造成的任何损失、损害或中断承担任何责任，无论此类错误或遗漏是由疏忽、事故或其他原因造成的。在阅读本书时，在任何情况下，作者或与作者有关联的任何人均不对因本书所含信息而产生的任何直接或间接损失负责。这包括但不限于错误、遗漏或不准确。

致　　谢

本书的写作初衷源于我对数字技术和区块链将对金融业产生深远影响的深刻信念。在金融技术、研究以及投资方面的经验使我得出如下结论：一场真正的革命正在发生，且将持续影响多年。我知道最终发生的变化是多方面的、复杂的，需要许多杰出人士、组织和公司的参与。因此，我不仅要从自己的个人经历中总结经验，还要从其他人的指导和帮助中吸取经验，才能编写能使本书成功所必不可缺的内容。这项工作是团队的努力。

在职业生涯中，我非常幸运，遇到了众多在职业发展、素质培养过程中发挥了重要作用的老师和导师。下面的人在我的心中永远占有一个特殊的位置：Frederick Dixon（弗雷德里克·狄克逊，俄勒冈州波特兰市）给了我在这个行业的第一份工作；Leighton Huske（莱顿·赫斯基，弗吉尼亚州里士满）在我和 Branch Cabell（布兰奇·卡贝尔）合作期间，一直非常关照我；Sanford Leeds（桑福德·利兹，得克萨斯州奥斯汀市）和 Britt Harris（布里特·哈里斯，得克萨斯州奥斯汀市）都在我读商学院期间提供了诸多帮助；Paul Magnuson（保罗·马格努森，得克萨斯州达拉斯市）对价值投资的热情对我和我的职业生涯产生了持久深刻的影响。

一直以来，家庭是我的根基。我的姐姐 Hedley（赫德利）和哥哥 Whitfield（惠特菲尔德）多年来一直爱护我、支持我。Shirley（雪莉）总是在身边伸出援助之手。我的妻子 Michele（米歇尔）陪伴我走过了风风雨雨，同时她也是一位出色的母亲和朋友。我的孩子 Christian（克里斯蒂安）和 Tomas（托马斯）让我在过了40 岁生日后仍感到年轻。每当我需要继续前进的鼓励时，我心爱的狗 Brogan 和 Sydney 总是以它们自己神奇的方式给我带来安慰和陪伴。

感谢我亲爱的朋友 Dave Beran（戴夫·贝兰）和 Paul Bullock（保罗·布洛克）一直以来的支持和信任。你们的鼓励、建议和贡献是本书成功的关键。在旅途中的每一次奋斗和成功中，他们都站在我身边。这是真正的友谊。

感谢 Honeycomb Digital Investment 公司的所有同事，感谢你们做出的所有贡献。我也感谢应允我使用他们作品的组织，以及那些对本书充满信心和承诺支持本书的人。我还要感谢 Bill Heyn（比尔·海恩）和 Brian Bares（布莱恩·巴雷斯）在关键问题上提供的指导。

与 John Wiley & Sons（约翰·威利父子）公司的员工一起工作非常愉快！

　　我想特别向 Bill Falloon（比尔·法伦）致意，因为他相信我会就这样一个新的、复杂的、不断变化的话题写一本书。从第一天起，我就确信 John Wiley & Sons 是这部作品的出版商。当我得知 Bill 的支持和他对启动这个项目的承诺时，我非常激动。我也很感谢 Bill 推荐了 Jade Myers（杰德·迈尔斯）。Jade 制作的插图、图形和图表一流，有助于传达关键信息。我还要特别感谢编辑 Purvi Patel（普尔维·帕特尔）和 Samantha Enders（萨曼莎·恩德斯），感谢他们为推进本书出版进展所做的辛勤工作和努力。

　　最后，感谢那些告诉朋友或同事"你必须读这本书！"的每一个人。这些简单的言语使得花在这本书写作上的时间变得非常值得！

前　言

对于金融业来说，这是一个令人难以置信的激动时刻。越来越多的迹象表明，数字化正在把当今的传统投资商业模式转变为一个更加现代、公平、透明和分布式的市场。这一新范式将通过基于区块链的平台将投资者与机会直接联系起来。就在最近，第一批受监管的证券型代币已经上市。监管确定性已经到来，技术正在匹配数字化未来的需求。

考虑到这一时刻的重要性，我回顾了自己如何一路走到今日。我的投资理念源于一个非常保守的观点。在我职业生涯的第一阶段，我在一家传统的经纪公司担任分析师，并且在公立学校教师退休系统工作。后来，我在一家公司做了十多年的投资组合经理，这家公司的原则是一直购买支付股息的蓝筹股。因此，一开始，"加密"资产和区块链代币的想法似乎是外来的，坦率地说，是完全疯狂的。在2011年初第一次听说比特币（Bitcoin）后，我想不起来我认为它是一个骗局还是一种时尚——但我可能认为它是两者兼而有之！像许多其他人一样，我不是以太坊或任何其他代币的底层用户。尽管如此，我发现自己对这些新事物背后的技术以及创新人士如何继续将其提升到另一个水平非常着迷。

在对这项技术的工作原理和功能有了更深入的了解之后，我开始意识到区块链不是简单的比特币——区块链技术不会简单地消失。我确信，这场技术革命势不可挡，最终在未来的经济，尤其是金融中将发挥重要作用。

自2009年诞生以来，区块链技术就有点像过山车。但重要的是要认识到下一步代币化并不可怕，而是一个具有巨大好处的过程。

在写这本书的过程中，我坚持三个要点，这将帮助其他人认识到这一点。

第一，在这个新兴的空间里，我们往往只见树木不见森林。每个人都听说过自区块链出现以来出现的一些问题：如Mt. Gox（门头沟）遭到黑客攻击且随后数百万美元的比特币被盗，等等。然而，让这些事件抹杀区块链技术的广阔前景是不明智的。

纵观历史，当金融界开启新领域时，灾难和不幸事件往往会发生。我们都很熟悉Willie Sutton（威利·萨顿），Bonnie（邦尼）和Clyde（克莱德），或者"头号公敌"John Dillinger（约翰·迪林杰）是如何震惊了整个国家的故事，他们疯狂抢劫的目标是不安全的银行。事实上，就在不久前，没有一个头脑正常的人会通过互联网给出信用卡号来购物。我可以不停地列举过去类似的例子。

　　随着技术的成熟，许多影响区块链的问题正在得到解决，就像任何新兴技术或进步一样。随着更高标准的应用和市场对监管合规性的接受，公众也将开始接受和信任区块链。毫无疑问，我们目前的金融体系绝非完美。由于卷入洗钱丑闻，知名银行不断成为新闻焦点。金融服务公司经常被入侵用户信息的网络犯罪分子打败。最近一次我审视当前的金融系统时发现我们系统中的美元和欧元被用于各种非法活动的交易！换句话说，不要因为关注几个坏苹果而失去客观判断力，而忘记区块链技术将为金融基础设施提供的所有积极属性和附加功能。

　　第二，区块链的复杂性导致许多人放弃了对其诸多方面的思考。他们将整个概念与"火箭科学"归入同一类别，并期待更简洁的解释。Albert Einstein（阿尔伯特·爱因斯坦）说过："做事的理想境界是简约而不简单"（Everything should be made as simple as possible，but not simpler），他说："如果你不能简约地解释某件事，你就不能很好地理解它。"我写这本书的目的是帮助将关键概念浓缩成要点，而不是陷入细节。

　　第三，当人们听说区块链中曾经承诺的"下一个大事件"被"新的或下一个大事件"超越时，他们会感到气馁。发展的速度令人难以置信，几乎每天都有激动人心的突破性改进。华尔街和硅谷的一些优秀的人才现在正专注于充分利用这项新技术及其带来的机遇。这是一件不会改变的事情。

　　我在一开始便告诉大家没有捷径。跟上这个市场不断变化的技术、成本和监管环境很难。如果我试图写一个计划来预测这个行业将如何发展，那么这本书在出版之前就已经过时了。

　　相反，我的目标是为区块链和证券型代币在金融行业中的潜力提供一个框架。它还将让读者了解在确定哪些项目最有可能在这种新环境中蓬勃发展时需要寻找哪些因素和属性。

　　似乎不可避免的是，有一天所有可投资资产都将被代币化，我们将看到难以置信的财富转移到区块链上。很可能会有一段时间，证券型代币会在全球范围内交易，从理论上讲，任何有互联网连接且在监管范围内的人都可以访问和交易这些代币。这将导致资本市场准入民主化，不仅是大型机构或富有阶层，而且对于世界各地的投资者而言都是如此。所有这一切最令人兴奋的一点是，每个人都可以参与其中！

Baxter　Hines
2020 年 4 月

目　　录

第一部分　魔 法 账 本

第二部分　创造数字包装器

第三部分　实现证券型代币的潜力

第1章 引　言

1. 区块链将引领下一代金融市场基础设施变革。
2. 证券型代币（security tokens）是一种传统所有权证明的数字化形式。
3. 区块链和证券型代币将通过提供更便捷和快速的金融市场解决方案颠覆投资行业。

1.1　开篇——总揽全局

我们的金融体系正面临巨大的转型。当前的基础设施是由服务、交易所和机构组成的复杂网络，旨在为市场参与者提供高效、稳定的连接。在今天的机制下，集中化是最有效的方式，可以让人们相信所有的交易和整个系统都将可靠且合理地运行。大型的组织机构，如中央银行、跨国经纪公司或者其他的金融中介，控制着世界各地的资金流向；我们允许它们控制世界各地的资金流向，是因为我们认为这些公司的规模、品牌、产品和员工值得信任。但这些信任由过时的会计核算方法支撑，我们为此付出了沉重的代价。集中化的体制因过时的设计、不充分的整合、官僚主义的阻碍以及人类倾向于坚持熟悉的事物而显得臃肿和停滞不前。这套机制不能满足人们对金融体系的需要，也阻碍了现代全球化经济的最佳运作，为提高效率和降低成本，早该进行重大变革了。

区块链技术是引领下一代金融市场基础设施变革的解决方案。区块链解决了在不依赖第三方的情况下，如何传递价值和信息这一问题。区块链利用数学法则、会计原则和治理机制来确保信任和透明度，这是我们当前制度无法比拟的。比特币等加密货币向全世界介绍了区块链技术，并展示了区块链技术创建一个不需要中介机构的可靠、不可改变、可审计的支付系统的潜力。加密货币只是第一步，为即将到来的数字化转型铺平了道路。

证券型代币是金融市场的下一个里程碑，简单来说，证券型代币结合区块链的敏捷性标记被监管的金融工具，使投资者传统所有权证明数字化。但是证券型代币不仅仅能证明所有权，它还能做更多的事。"数字包装器"令人无比激动，对于全球投资者和发行人来说，它将驱动一个具有广泛影响和可能性的新时代。证券型代币不仅使原有金融市场的参与者和新进入金融市场的参与者都能提供具有创造性和原创性的产品和服务，而且通过数字化，使成本降低和效率提升成为可能。通过流程整合和卓越的设计，证券型代币将更广泛地进入新的投资者基地和新的地理边界，而这是之前很难达到的。

证券型代币因在遵从法规方面的复杂性和不确定，仍处于发展和应用的早期。的确，过渡到证券型代币并不容易。证券型代币比今天市场上的加密货币要复杂得多，对于证券型代币的创设、交易和保留都要求更复杂、更高级的应用程序。领先的技术公司都在区块链技术的基础上，竞相建造一个新的互相联通的金融基础设施来确保代币安全、合规，并且比我们今天交易的纸质替代品更具成本效益。监管机构也密切关注代币的研究进展，并谨慎行事，以保护公众利益。

金融和证券型代币数字化显示出令人难以置信的前景。可以想象，区块链可能改变和激发全世界数万亿美元的资产价值，这需要融合现在金融业的产品、领导力、体系和视野。许多相关利益者意识到将发生一件具有重大影响的事，深谋远虑的领导和金融企业家开始接受大多数资产都可以数字化的现状。很快数字资产的交易和所有者会爆炸式增长，数字化技术的应用会占上风。证券改变流动性、整合成本效益的能力将驱动这个趋势的发展。数字化的未来和潜力是巨大的，也将在未来许多年保持增长。

区块链将对市场互动方式产生重大影响，世界正朝着这一方向发展。金融业的市场参与者需要对技术的工作原理、影响和可能对商业产生的后果有广泛的理解。本书旨在用每个人都能理解的方式解释区块链等相关概念。区块链和证券型代币能解决很多问题，但大众对这些技术的不了解阻碍了它们成为主流，希望当你阅读完这本书后，你能有把握地说你已经跨越这个障碍。

1.2　颠覆投资行业

"我们能想到的未来十年最大的机遇。"

——鲍勃·格里菲尔德，纳斯达克前首席执行官，区块链潜力讨论会[①]

如果区块链和证券型代币处理交易比今天的金融体系更好、成本更低、更迅速，是否意味着"区块链和证券型代币能代替现有的金融体系"？不完全是这样，区块链和证券型代币可能不会立刻取代目前金融领域的业务线，但很可能提供更强大的工具促进整个行业发展，提高行业效率。简言之，新技术将推动金融体系的改变，使其不断发展。

当前的技术公司在区块链的基础上重塑金融基础设施，进而创造一个更有效率、联结更为紧密的金融结构。这导致很多金融机构从经纪商转变为投资者和发

---

① Sam Volkering, "Is Blockchain the Biggest Opportunity of the Next Decade？", Money Morning, April 7, 2017.

行人。在不久的将来，可能会出现广泛的去中心化尝试，新公司和新产品将试图打破现状，应用区块链及其相关服务替代促进传统商业交易的第三方。这种新的商业模式很可能取代、颠覆、超越传统竞争。

就像 20 世纪 90 年代后期互联网改变金融服务业的方式一样，数字化方案将创造新的交易机会、开发新的功能、开拓新的市场。创新使金融服务更便捷、更安全。虽然今天提供的很多服务与过去非常相似，但未来这些服务会变得更好。举例来说，互联网改变了我们购买机票的方式。没有互联网时，如果想从华盛顿州到柏林旅游，需要先联系华盛顿当地的旅行社，旅行社再去联合适的航空公司获取价格，之后旅行社再打电话询问你的选择，最后将机票邮寄给你。而在今天，只需要浏览航空公司的网页或者去一个在线旅游预订网站就可以购买机票。互联网只是对旧系统进行了改造——却是重大改造。互联网让我们生活更便捷，正如互联网开辟了全新的可能性，区块链也将如此。

区块链技术的融入使得证券型代币更振奋人心，因为它们可以将最新的技术与我们今天在传统证券中发现的所有投资者保护规则和监管制度结合，这里举几个可以改进的例子。

（1）不久后，你可以一周 7 天，一天 24 小时在全球范围内转移你的数字证券。

（2）合规系统将被嵌入证券和自动化系统，这样人们就可以在处于不同监管体系下的地区之间进行交易，不用再担心与当地监管机构发生冲突。

（3）上市公司只需点击按钮就可以和投资者进行沟通交流。公司的行为如股利支付、代理行使表决权、增发股票等能从公司直接传递给投资者。

（4）投资者能够在目前缺乏流动性但有利可图的机会中进行交易。比如风险资本和私募股权投资，投资门槛高，缺乏流动性，证券型代币有利于改变风险资本和私募股权投资的这种特征。图 1.1 描绘了区块链如何影响金融业。

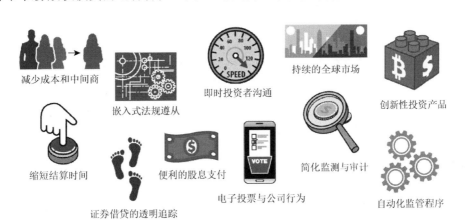

图 1.1　区块链如何影响金融业

　　我们通常认为取消中间商和流程自动化有利于经济和社会发展，但掌握金融市场和资金流通的人不会悄然离开。长时间涉足商业的人都知道打破现状的困难，很多人的观念根深蒂固，他们都有强烈的意愿来抵制改变。大型金融机构会力求维持现状，随着区块链技术的不断发展，监管机构和立法机构将确保采取合适的措施来降低风险和避免区块链研究的中断。正如本书之后所讨论的，从立法者和金融行业最受尊敬的大型机构获得区块链相关指导，对区块链的发展至关重要。变革正在到来，技术也不会消失。在看到可能性映入眼帘时，最初的阻力更多只是一个减速带，而不是障碍。

案例研究：Carlsberg（嘉士伯）

　　Carlsberg 位于丹麦哥本哈根，是世界第四大啤酒厂。除了嘉士伯啤酒，它还酿造世界知名品牌饮料 Tuborg（乐堡）、Kronenbourg（凯旋）、Baltika（波罗的海）、Grimbergen（格林堡）、Somersby（夏日纷）和其他 500 多种品牌的啤酒，Carlsberg 的产品享誉世界。

　　在我担任美国一家国际共同基金的基金经理期间，曾投资 Carlsberg 这家公司。为了持有 Carlsberg 的股票，下面列举的只是我采取的众多步骤中的几步。

1. 初始（set-up）阶段

（1）寻找一家丹麦的当地银行充当资金的保管人。

（2）与专业的丹麦证券交易经纪人建立联系。

（3）与一家专门从事外汇交易尤其是丹麦克朗交易的经纪人建立关系。

2. 交易（trading）阶段

（1）将购买 Carlsberg 股票的资金由美元转化为丹麦克朗。

（2）必须在哥本哈根证券交易所购买 Carlsberg 的股票。

3. 持有（holding）阶段

Carlsberg 发放以丹麦克朗计价的股利，这些股利必须先转化为美元才能发放给美国投资者。

　　需要注意：首先，我居住在达拉斯，但是股票在哥本哈根交易。那么对我来说，时差的存在使得 Carlsberg 的股票在深夜仍然可以交易。其次，美国的假期和丹麦的假期时间不一定一致，如果我正在度假或丹麦处于假期时间，很可能不会交易。

　　有人可能会说我们可以买 Carlsberg 的美国存托凭证（American depository receipt，ADR）。的确，Carlsberg 提供了场外 ADR。但不幸的是，这种情况下存在很多问题。在我写本书时，Carlsberg 的股票在哥本哈根交易所平均日交易额超过 3000 万美元，但 ADR 有时候的交易额甚至低于 100 万美元。ADR 的流动性差，场外市场的交易价格也低于哥本哈根交易所的交易价格。而且在存托凭证交易市场进行交易有点棘手，尤其是临近股利支付时。ADR 支付股利的日期通常与支付优先股股利日期不同。当信息不足时，如不知道谁将获得股利，ADR 市场的做市商可能不愿意交换股票。最重要的是，发行 ADR 的托管银行每年收取高达 2% 的手续费。

这个例子表明跨境交易和投资多么困难和昂贵。虽然我投资的基金管理着数十亿美元的资金，能承担投资的成本，但许多资金规模小的投资者却无法承担。每当我投资时，我经常挠挠头问自己："难道没有更好的办法进行投资吗？"

1.3　传统的经营方式

今天使用的金融系统是过去几年拼凑起来的所有东西的总和。这意味着什么呢？这意味着当这些系统设计完成投入使用时，金融行业已经发生改变，与该系统预期服务的金融行业全然不同，技术、服务、客户需求也不相同。从 20 世纪 70 年代开始，许多公司使用集中式大型计算机或软件系统完成重要的流程。但是金融行业尚未使用集中式的大型计算机或软件系统完成重要的流程，因此今天所使用的金融系统的设计与今天的商业环境并不匹配。

金融公司的计算机架构通常是多层次的，前台、中台和后台部门使用的系统各不相同。此外可能还需要其他处理财务、客户信息或监管报告的应用程序。成功完成许多任务也需要手动输入和手动更正。金融实体的所有部门都致力于创建定制化的解决方案，以帮助这些不同的系统之间相互交流。因此，信息没有以最有效的方式储存或处理。这些技术导致员工相互孤立，引发不必要的风险，从而导致效率低下、成本高昂，未能实现经营最优化。

1.4　纸质证券和新选择

很长一段时间里，纸质证券是记录和转让股权最简单和最经济的手段。但也出现了一些问题，包括纸质证券丢失、补发纸质证券、如何使纸质证券价值提高一倍和其他问题。大量无效或处理不当的证券转让给监管者、证券所有者和发行人带来了麻烦。

证券的数字化形式将理清保管证券和所有权的链条。金融业将意识到，相比于今天使用的方法，数字化是多么简单和优越。

20 世纪 90 年代末，随着互联网的蓬勃发展，美国的监管机构急需一种新的方式来收集和储存证券发行人需要提供的披露信息的强制性文件。监管机构没有采用定期处理一堆纸质文件复印件的传统方式，他们认为以电子方式提交所有文件是更好的途径。这使电子数据收集、分析和检索（electronic data gathering，analysis and retrieval，EDGAR）的数据库得以形成。之后监管机构要求所有的文件都是电子形式。

证券型代币可能发生类似的改变。监管机构通过观察证券及其持有人既定的、透明的历史交易记录，可以获得很多信息，证券型代币这种形式的数字化将提高审计效率、帮助监管机构实施监管、提升保存信息的质量。

历史视角："伦敦鲸"事件

2012 年，摩根大通银行的一位绰号"The London Whale"（伦敦鲸）的交易员损失了近 62 亿美元。他累积的交易头寸超过了摩根大通银行允许的规模。当市场走势不利于"伦敦鲸"时，改变仓位为时已晚，损失迅速扩大。

监管机构调查了摩根大通银行的内部控制系统和风险管理系统。最后，摩根大通银行被罚款近 10 亿美元，一些高管人员大幅减薪。

"伦敦鲸"所持仓位能超过银行限制规模的重要原因是一些银行的风险管理措施是通过 Excel 电子表格①手动输入的。虽然这种做法在金融行业很常见，但这种做法不利于风险管理目标的实现。

当前金融体系还有许多不合理之处。缺乏统一、可靠和可信赖的系统会带来不必要的风险。如果没有适合的通信协议和处理能力，就很有可能漏掉一些重要的东西。

社会中部分聪明和具有创新力的专业人士领导着金融机构。这些金融机构每年投入巨额资金保证自身具有竞争力，遵守最新的合规要求和监管标准。但是改造目前金融机构多层次的计算机系统是一个艰巨的任务，这一可以提升运行效率的任务很可能被搁置。但总有一天，每个企业都要面对事实。问题从"Are we doing things right？"（我们做对事情了吗？）转变为"Are we doing the right things？"（我们做的是对的事情吗？）。金融机构将提出一个新的游戏规则并建立新的基础设施。区块链、数字资产和证券型代币可以为金融行业长期可持续发展提供明确的路径。

---

① Linette Lopez，"How The London Whale Debacle is Partly The Result of an Error Using Excel"，Business Insider，February 12，2013.

1.5　数字资产进入颠覆阶段

在《创业无畏：指数级成长路线图》(*Bold: How to Go Big, Create Wealth and Impact the World*) 一书中，作者 Peter H. Diamandis（彼得·H. 戴曼迪斯）和 Steven Kotler（史蒂芬·科特勒）讲述了信息技术的进步是如何在市场上站稳脚跟的。Diamandis 和 Kotler 提供了一个框架，说明过去六个截然不同的阶段是如何颠覆技术的，并将这六个阶段称为"技术颠覆技术的六个截然不同的阶段"(The Six Ds of Tech-Disruptive Technology)。他们的基本观点是数字化的程度提高将动摇传统产业的根基，而且数字化将使传统产业实现指数级增长。Diamandis 和 Kotler 对数字技术如何融入社会的看法有助于我们了解数字证券现在的发展进程。

"这六大阶段是技术进步的连锁反应，是快速发展的路线图，会带来巨变和机遇。"

——Peter H. Diamandis 和 Steven Kotler[1]

指数级增长的六个阶段具体如下。

（1）数字化。一旦将业务流程转变为一系列 1 和 0，业务流程就变成了一种"信息技术"。这种转变使数字创新能支持新的商业模式、产品、服务或业务流程。这一转变也标志着一个行业的重要里程碑，并引发了一系列连锁反应，挑战了该行业的传统模式。

（2）欺骗。随着事物的数字化，创新真正发挥潜力还需要时间。在这个阶段，增长是指数级的，但对公众来说增长仍然相对较小（想一想 1 美分翻倍的过程，从 1 美分增长到 2 美分，再增长到 4 美分，再增长到 8 美分等。在真正产生影响之前需要更多的时间）。因此，围绕数字化的炒作和兴趣可能会动摇。此时该行业的参与者将轻视数字化对其业务的威胁，社会变得不耐烦，开始不信任他们曾经寄予希望的东西。

（3）颠覆。数字化增加了颠覆的可能性。企业家开发新产品和新市场，这将颠覆现有业务。随着越来越多的人开始意识到新的经营方式有助于改善或优化生活，既定的习惯和做法就会过时，至少没有那么重要了。不幸的是，对于那些固守旧有经营方式的人来说，欺骗阶段后总是颠覆阶段。在这个阶段，不是你颠覆别人就是你被别人颠覆，这是完全不可避免的！

（4）非货币化。这个阶段，很多产品或服务都是免费的或价格远远低于历史价格。产品和服务成本大幅下降。20 年前，一套百科全书花费数千美元，但今天

① Peter H. Diamandis and Steven Kotler, "Bold: How to Go Big, Create Wealth and Impact the World" (Simon & Schuster; Reprint Edition, 2016).

维基百科是免费的，提供了更广泛、更准确、更全新的在线选择。一套视频编辑软件设备曾经卖到几百万美元，但现在人们可以使用免费的 Instagram 应用程序。

（5）非物质化。随着数字化的不断发展，整个产品线会消失。智能手机应用程序是最好的例子，手机可以替代计算器、照相机、地图导航、闹钟、便捷的媒体播放器和其他很多设备。

（6）大众化。在这个阶段，新的数字化产品已经普及。在我最近一次去中国的旅行中，我和妈妈惊讶地看到中国西藏拉萨的藏族僧侣用智能手机播放祈祷音乐！即使喜马拉雅山的偏远地区也没有阻止便携式电脑和互联网的普及。这个例子展示了一项技术的影响力如何最终扩展到在世界任何地方的任何人！

Diamandis 和 Kotler 的路线图对于我们理解和规划金融业可能出现的变革十分重要。区块链是基础技术，主要用于基于区块链技术构建的应用程序中。证券型代币凭借不断提升的实用性、与许多不同的金融应用和服务的兼容性，优于我们今天所使用的证券。开发区块链和证券型代币需要大量时间，但随着各种组件的创建、测试和相互集成，我们将看到区块链和证券型代币对金融业务影响的速度将加快。信息技术有一个固有特点，它们的成本往往是预先承担的。最初创建成本很高，但随后的复制成本极低。证券型代币和区块链的基础在过去几年已经奠定，现在正在完善中。

"技术颠覆技术的六个截然不同的阶段"指出技术应用遵循一个可预测的模式。区块链发展似乎也遵循这一模式。加密货币和效用代币（utility tokens）向世界展示了数字化能够带来的潜在变革。证券型代币取代纸质证券的新时代已经到来，但取代速度比人们想象得慢，因为一些邪恶的市场参与者利用加密货币来从事非法活动。因此，这些迹象表明我们一直在经历六个阶段中的欺骗阶段。

现在，区块链和证券型代币已经进入颠覆阶段。随着近年来监管批准在全球范围内推出多种证券型代币，金融行业一线的从业人员将密切关注证券的数字化。过去几年发行的很多数字产品，如加密货币和效用代币，缺乏证券型代币具备的特性和整合能力。证券型代币的新特性和改进为公众提供了重新思考数字证券可能性的机会。我相信我们确实站在一个时代的边缘，这个时代不断发展的技术将重塑金融业。

1.6　本章小结

1. 区块链将引领下一代金融市场基础设施变革。

2. 在不依赖第三方的情况下，区块链提供了一个强大的方式转移价值和传递信息。

3. 证券型代币是传统所有权的数字形式，它们凭借区块链的速度和灵敏性提供受监管的金融工具的所有权。

4. 区块链和证券型代币通过提供更便捷的金融市场解决方案，将颠覆金融行业。这些技术使市场交易不再需要中介。

5. 我们现在的金融体系依赖过时和低效的基础设施。区块链技术提供了革命性的手段，将我们的金融市场带进 21 世纪。

6. 区块链和证券型代币正进入各自生命周期的颠覆阶段。

第一部分　魔　法　账　本

第2章 区块链基础知识

1. 区块链为价值交换提供了一种非常有效的手段。
2. 区块链技术由三个主要元素组成：会计、计算机科学和治理系统。
3. 分布式账本技术是一种将交易记录下来并传递给区块链上所有参与者的机制。
4. 通过相关的设计，区块链将会是可信赖的、安全的、透明高效的并具有创新性的。

2.1 什么是区块链？

区块链技术是一种强大的价值交换手段。一条区块链就是一个不断发展的系统——它是一个相互联通的记录列表，这些记录被盖上时间戳、被安全保护并且被系统的参与者所认可。这些记录内容几乎包罗万象——转账金额、用户信息、每笔交易背后的细节以及任何与交易相关的东西。区块链也为用户提供了访问、观察和分析存储在区块链中的数据的能力。

2.2 区块链的基本元素

区块链技术由三个基本元素组成：会计、计算机科学和治理系统。

2.2.1 会计

1. 分类账

在会计学术语中，分类账用于记录一个组织或系统中资金的进出流动情况。分类账像是一个一个的日记本，记录着在这个组织或系统的生命周期中发生的交易和财务事项。区块链就是一个记录和上传使用者交易记录的电子分类账。每个参与者都保留着他自己的副本（图2.1和图2.2）。分类账的更新将会自动发送给所有参与者。举个例子，这个简单的分类账只包含两列：用户名称和交易金额。

分类账A			分类账B	
名字	账户金额		名字	账户金额
Francis	825		Francis	825
Sam	65		Sam	65
Rose	350		Rose	450
Scott	600		Scott	500
Paul	2010		Paul	2010
总计	3850		总计	3850

图 2.1　简单的会计分类账

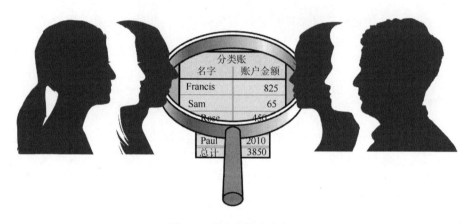

图 2.2　共享和检查分类账

　　分类账 A 有 5 个参与者，每个参与者持有特定数量的单位商品。假设 Scott 决定寄给 Rose 100 个单位商品。那么 Scott 就会减少 100 个单位商品，而 Rose 就会增加 100 个单位商品。借方和贷方分录被用来反映分类账的变化，而这个系统中的商品总数仍保持不变。通过从状态 A 更改为状态 B，分类账被成功准确地更新。尽管事实上只有 Scott 和 Rose 参与了这场交易，但所有参与者都会收到并维护这个新状态下的分类账副本。

2. 处理与交流

　　会计记录不仅衡量了已经发生的事情，而且还会描述在这个实体中财务与非财务信息处理与交流的过程。以区块链如何取代公证人的角色为例，区块链最初是在 20 世纪 90 年代初提出的概念，旨在成为公证文件的电子方式。

　　下面让我们更细致地阐述这个话题，并理解区块链技术是如何被用来自动化公证过程的。长期以来，作为可信赖的第三方，公证人在商业领域发挥着重要的作用，因为他们是文件真实性和有效性的官方、公正的观察员和背书人。公证人的职责包括以下几点。

（1）查明有关各方并提供重要的身份证明。

（2）承认相关各方有适当的能力参与到预期的活动中。

（3）见证文档的状态。

（4）证实文件中所包含的印章和签名。

（5）记录签名的时间。

（6）向所有相关方提供文件副本。

对文件进行公证可以防止欺诈行为，并提供书面证据，证明交易是在适当程序下完成的，是程序完备的，而且当事人在执行时是愿意和知晓的。公证过程向所有人发出通知，使得文件的条款对当事人具有完全的效力。

区块链技术允许将公证人的职责写入计算机代码并由区块链本身执行，从而消除了对第三方公证人的需求。

公证职能是区块链将执行的许多会计任务之一。区块链可以采用会计中许多其他机制来更新和维护上述分类账。区块链的数字特性可以为在区块链系统中所发生的财务会计、税务会计、审计和报告活动提供便利。通过编程，几乎任何会计程序都可以在区块链上执行。

2.2.2　计算机科学

正如前面所提到的，计算机科学是区块链技术的基础学科之一。作为一个科学领域，计算机科学涉及如何最优地解决、处理、存储和交流数据。由于区块链是基于互联网的，大量的计算机系统可以被用来在全球范围内相互协作。随着计算机领域中各分支的广泛应用和融合，由此产生的技术组合可以产生协同效应，并进一步增强区块链的潜力。在这一节中，我们将回顾一些赋予区块链特殊属性和能力的话题。

1. 网络

网络是由两台及以上连接在一起的计算机所组成的，这些计算机连接在一起的目的是共享资源。互联网本身就是网络的一个典型例子。网络中的每一台计算机都被称为一个节点。每个节点都被分配了唯一的地址，以确保所有的消息和连接都被正确地发送到指定的收件人。

2. 中心化和去中心化

网络的设计要么是中心化的，要么是去中心化的。中心化系统依赖于一台机器来完成大部分的繁重工作。这种系统的优势在于它相对便宜、稳定，几乎不需要前期投入时间，并且可以迅速完成更新或升级。在计算机技术早期，大多数网络都是中心化的。这意味着大多数处理功能是由一台远程机器集中执行的。

当下，大多数网络都使用去中心化架构。在去中心化系统中，所有的计算机节点形成了一个更大的计算机网络。目前的计算机性能大多都远远超过了商业应用程序的要求。从下述例子可见一斑：据说一个现代智能手机的计算能力比美国宇航局在 20 世纪 60 年代把人送上月球时拥有的全部计算能力还要强！因此，相对于它们的容量来说，许多计算机运行相对空闲，而一个去中心化的系统可以利用这些多余的资源来最大限度地提高效率。

去中心化系统有许多优势。它可以共享文件、外围设备和其他工具。去中心化系统比中心化系统更可靠，因为它们不容易出现单点故障（即它们不依赖一个中心节点来完成特定的程序）。它们也是可扩展的：如果需要更多的资源，只需要向网络添加更多的机器即可。

3. 可访问性

目前，区块链在四种已知类型的网络上运行——公共的、私有的、混合的和联盟的，主要的区别在于"许可"的形式——也就是说，某些链需要同意才能访问特定的功能。

（1）公共区块链网络对于谁可以访问它们没有任何限制。如果你能找到一个互联网链接，你就可以参与并验证区块链上的活动。以太坊（Ethereum）和比特币是两个著名的使用公共链的平台。

（2）私有区块链网络需要加入权限。通常，网络管理员有权授予此访问权限。

（3）混合区块链网络结合了公共网络和私有网络的特点。各种因素决定了区块链上的信息是对公众开放还是有所保留。龙链（Dragonchain）就是在一个混合网络上运作。

（4）联盟区块链网络可以被描述为半去中心化的。只有获得许可才能进入该网络。然而，对该网络的控制并不是由一个单一的实体来管理，而是由一组经过批准的团体来管理。Corda、Hyperledger 和 Quorum 都是使用这种方法的联盟区块链网络。

4. 数据库

数据库是在计算机系统中以电子方式组织、存储和可访问的结构化信息集合。一些被称为数据库管理系统（database management system，DBMS）的软件用于控制和维护大多数数据库。这些软件作为终端用户和数据库本身之间的接口，使得数据易于组织、访问、修改、更新、控制和管理。类似于上述网络，数据库也可以分为中心化或去中心化的，可公开访问或私下访问的。

5. 加密技术

加密技术是一种通过加密和解密过程来保护通信安全的技术，用以在可信任的各方之间传输信息。通过使用来自数学、物理、计算机科学和其他领域的各学科技术，密码学提供了一种确保数据保密性、完整性和真实性的方法。

区块链中最常用的加密过程之一称为哈希（Hash）算法。使用哈希算法，一条消息，无论其长度如何，都可以转换成具有固定数量字符的文本。表 2.1中的信息是用 SHA-256 哈希算法加密的，这种算法在所有比特币交易中都使用。

表 2.1　散列数据示例

举例	消息	哈希值
A	Blockchain	3eb95f8c5a596047754b4e5c13835f1d 27afcc4d80f10e83e17a047a6fdfbe30
B	Blockchains	9f74cef42d8240c88fb341b30a2cd08e 30ba126c171faa251adf2b06f13a6445
C	Security tokens are the wave of the future！	56092ab1327a86d0d4495fcfafb6a57d 7d34a9522c5e4dcea8723e2aa1ba79d5

通过哈希算法得到的值称为“哈希值”。请注意，这三个结果都是完全相同的长度——64 个字符。此外，如果更仔细地研究这些案例，你会发现示例 A 与示例 B 的区别仅仅在于单词“Blockchain”是复数形式。在例子 B 中只添加了一个字母，后续的哈希值就完全不同了，但仍然是 64 个字符。字符串哪怕是发生了微小的变化，输出的哈希值也都会发生重大变化——添加一个额外的字母，将一个字母改为大写，或者添加一个标点符号——不管变化有多微小或多巨大，新输出的哈希值都会发生很大变化，但仍然只包含 64 个字符。

现在让我们看看例子 C。这条信息更长，包含多个单词，还有标点符号。但是哈希算法仍将结果减少到相同数量的字符——64！

哈希算法用于将任意大小的数据集转换成固定大小的数据集。不管使用者是谁，使用过程总是保持一致的：相同的信息将会输出相同的哈希值。哈希算法可以快速执行，在理想情况下，不会有两条不同的消息具有相同的哈希值。这些特性使得哈希算法在验证消息、检测数据损坏、发现重复数据和识别独特文件方面非常理想。

6. 数字身份

世界范围内的互联网用户数量现已超过了 40 亿，并且每年都在增加。然而，总的设备数量远远超过这个数字。在 2018 年，物联网（Internet of things，IoT）设备的数量超过了移动设备的数量。

万维网表面上是相当匿名的。所有这些设备机器都可以相互交流，我们怎么能确定我们知道自己在和谁交流呢？我们怎么能确定发送给我们信息的计算机实际上是被它的主人所控制？

互联网上的一些服务需要确定用户身份的方法。数字身份（digital identity）是一种信息，用来明确识别网上的某人或某事。用户可能需要证明他们是谁，并愿意提供文件证据，如身份证或银行结单。

在图 2.3 中，用户将其背景调查、信用评分、驾驶记录和身份证附加到他的在线个人资料中。

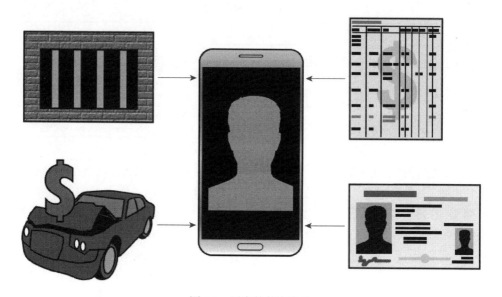

图 2.3　用户的数字身份

数字身份通常被附加到一个或多个数字标识符中，如电子邮件地址、用户 ID 或域名。当一个用户为他的个人资料提供更多经过验证的数据时，用户的可信度就建立起来了，并且可以更直接地访问服务。此外，由于身份是数字形式的，它可以很容易地以电子方式转移到其他业务，并用于更多的目的。

数字身份的发展为多方创造了多重利益。用户可以保留对自己账户的控制权，并且可以根据需要增加标识符的数量，同时保留他们分发数据的话语权。企业可以减少欺诈风险，缩短登录时间，降低客户获取成本并且可以改善客户体验。经过验证的数字身份所注册的资产受到法律的保护，因此它们在监管机构和政府中的地位要高得多。

7. 数字钱包

随着基于区块链技术的业务越来越流行，大多数消费者将会通过数字钱包与这些新的应用程序相连接。数字钱包（有时称为"电子钱包"）是允许用户进行电子支付、存储数字证券或维护个人信息的电子设备或在线服务。这种类型的钱包可以链接到用户的银行账户或其他金融机构（苹果支付就是一个例子）。数字钱包的广泛应用代表了从传统交易方式向电子交易方式的转变。

数字钱包在世界范围内越来越受欢迎，因为它们提高了便利性、安全性和效率，为用户提供了更好的体验，具体包括以下几个方面。

（1）便于携带：根据不同的类型，数字钱包提供了存储大量信息的功能，包括身份证件、健康卡、会员卡等。有了数字钱包，生活可以迅速变得"轻松"和更有条理。

（2）节约时间：与其在杂货店的收银台前翻找，试图找到你的借记卡、会员卡或使用身份证来证明你的年龄，不如下次试着在支付终端上或使用你的手机来完成这三件事。这样排队结账的队伍会变短，回家的时间也会变快。

（3）更少的表格：通过数字钱包，每当消费者想要与其他人互动或交易时，他们不需要再填写各种表格。这是因为他们的信息已经储存在数字钱包中了，它可以自动更新并输入交易所需的相关表格。

（4）更强的安全性：数字钱包用户因他们的信息被加密或被软件保护而受益；卖家也因受到防欺诈保护而受益。如果是一个实体钱包丢失了，那么里面的东西可能就被直接拿走了。

那么，如何才能保证数字钱包内容的安全呢？一个被称为密钥加密的惯例是区块链安全结构的核心要素之一。当一个数字钱包首次被创建时，会创建两个密钥，一个是公钥，一个是私钥。作一个简单的类比，就像你登录你最喜欢的网站或银行账户一样。在这种情况下，你会有一个用户名和密码。公钥类似于用户名，可以与其他所有人共享。私钥就像你的密码一样，永远不能泄露。公钥作为钱包的地址，提供给用户一个访问点来发送和接收到达钱包的代币。私钥给予所有者访问钱包及其内容的权限。每次你进行交易，你的钱包的公钥将被用来验证你的身份，你的私钥将被安全地嵌入来处理付款。

在金融行业，钱包可以让用户利用服务来促进支付、合规、身份管理、代币存储和风险管理。钱包的特点将使得一条区块链上的所有用户之间具有更好的互操作性。区块链的功能将使得对数字钱包的用户进行实时身份检查成为可能。数字证券可以存放在数字钱包中，而不必存放在传统的银行或经纪公司。

2.2.3　治理系统

理解区块链的第三个关键因素是治理系统——系统运行所依据的规则、流程和关系的集合。这些参数塑造了参与者在这个系统下的行为方式。治理系统建立了决策制定的方式，并确定了不同参与者的权利与义务的分配。明确制定的规则带来了如下好处。

（1）鼓励长期合作和战略规划。

（2）可以识别、减轻或避免当事人之间的利益冲突。

（3）系统维护成本降低。

（4）系统会吸引更多的参与者。

1. 协议

协议是电子通信的规则。在通信系统中，如区块链，协议需要在所有类型的网络、硬件和软件之间移动数据。网络协议是一套程序化的规则，规定在特定情况下处理信息的方式。它们允许通信从一个用户传输到另一个用户。

不管你有没有意识到，你每次上网都会使用协议。例如，它们控制一个使用 Hotmail 的人和另一个使用 Gmail 的人之间如何交换电子邮件。在这种情况下，虽然微软的 Hotmail 和谷歌的 Gmail 是来自不同公司的产品，但通过正确使用协议，它们可以轻松地协同工作，向最终用户传递预期的信息。

为了有效地运作，协议必须在通信网络中被预先定义并作为标准达成一致。如果协议处理不当或违反规则，通信就会中断。开放和易于理解的协议成为促进创新和降低成本的强大工具。

2. 共识

为了使一个去中心化的、分布式的系统正常运行，参与者必须就网络上发生的事情达成一致意见。共识是所有参与者就分类账所公布的内容达成一致意见的过程。虽然这可能看起来微不足道，但是在发生争议的情况下，有关于如何解决问题的规则是至关重要的。

例如，在足球比赛中，禁止除守门员以外的球员用手触球。这条规定看起来简单明了。在 1986 年的世界杯上，英格兰和阿根廷在四分之一决赛中交手。在这项运动历史上最具争议的比赛中，阿根廷的迭戈·马拉多纳将球"顶"过英格兰守门员彼得·谢尔顿进入球网。这个进球最终使阿根廷队以 2-1 的比分赢得了比赛。回放显示马拉多纳可能用手将球越过谢尔顿。对英格兰人来说，马拉多纳是个骗子，这个进球不应该被计算在内。对阿根廷人来说，这个进球是神圣的，马拉多纳被尊为英雄。马拉多纳的进球被永远铭记为"上帝之手"，虽然至今仍有争议。

最终，裁判裁定这一进球有效。如果让球迷和观众来决定，我们可能不会有1986 年的世界杯冠军。随之而来的英国球迷和阿根廷球迷之间的僵局可能永远不会结束。

类似的情况在计算机网络上也同样容易发生。谁是合法参与者？什么交易是有效的？什么交易发生了？什么交易没有发生？这些都可能存在争议。在一个中心化的系统中，这由一台计算机决定（就像上述故事中的裁判那样），但在一个去中心化的系统中，可能存在许多意见。当风险很高的时候（通常是涉及金钱的时候），纠纷就更有可能发生。因此，就必须有适当的程序和制衡，以确保所有参与者最终得到公平的对待。

区块链在如何达成共识方面可能各不相同。但是，适当的程序、协议和纠纷补救措施对于促进可持续的、可信赖的网络至关重要。目前，工作证明、权益证明、权力证明、能力证明和适应性工作证明等机制通常用于建立共识。取决于在过程中使用的是哪种方法，你可能会听到在达成共识的过程中讨论的诸如挖掘（mining）、权益质押（staking）、分叉（forking）或验证（validation）等术语。虽然详细说明某些共识机制的确切运作方式超出了本书的范围，但重要的是要知道，这些方法对于维持和更新一个准确的、商定的分类账至关重要。

2.3　分布式账本技术

"我们选择把我们的资金和信念投入到一个不受政治和人为错误影响的数学框架中。"

——泰勒·文克莱沃斯，Facebook 联合创始人[①]

许多人会问这样一个问题："区块链和分布式账本技术有区别吗？"这些术语通常可以互换使用，但并不完全相同。区块链是一种分布式账本技术。所有的区块链都是分布式账本，但并不是所有的分布式账本都是区块链。它们都将信息和交易的控制权交给用户，两者都是一种跨越多个地点、节点或参与者的数据库类型。它们的主要区别在于，分布式账本不需要在数学上将交易联系起来，而这个新增的特性允许区块链技术提供一种更安全、更有效的方式来创建不可变的日志（图 2.4）。

尽管如此，分布式账本在记录金融交易方面仍然非常有用，因为它们不需要

---

① "Tyler Winklevoss Quotes"，Brainy Quote，Accessed April 1，2020.

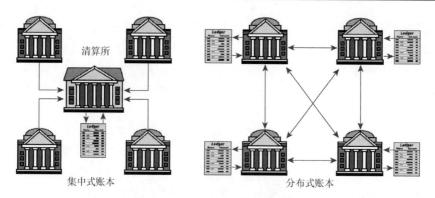

图 2.4　集中式账本与分布式账本

中央授权。在当今的金融世界里，大多数交易都必须通过清算所进行。这迫使社会"信任"这些中介机构，进而为它们的服务提供补偿。

分布式账本使用其用户之间的共识机制来取代这种信任，并且不再需要一个单一的组织来监督数据及其处理。这一特性允许分布式账本提供更高的安全性，能够提高效率，降低成本。

2.4　建立区块链

2.4.1　区块的特性

那么区块链是如何在交易发生时形成的呢？首先，让我们看看一个单独的区块以及它由什么组成。任何一个单独的区块都包含通过哈希算法（如前所述）进行数学加密的信息。每个区块将包含三个关键信息：①之前区块的哈希值，②当前区块的数据，③当前区块的哈希值。存储在当前区块中的数据的数量和类型取决于与特定区块链相关的字段。图 2.5 是一幅可视化图片，可以帮助我们更好地理解一个区块中所涉及的内容。

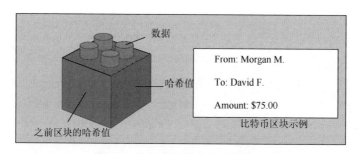

图 2.5　比特币区块中包含的数据

2.4.2　连接区块链

当一个新的区块链启动时，第一个区块必须是唯一的。这是因为没有以前的区块来链接它。这个被称为"起始块"的第一个区块值得注意，因为它不包含上一个区块的有效哈希值。但是，这个区块中的数据及当前区块的哈希值将与该交易中的任何内容都相关，并且也将被正常格式化。在下面的例子中，注意区块 1 中的"之前区块的哈希值"是 000000，当前区块的哈希值是 D98ATG。这个区块将成为链接所有未来区块的起点。

一旦另一笔交易发生，就是产生区块 2 的时候了。加密技术将被用来为与这笔交易相关的新数据创建新的哈希值。这个新的区块将被添加到区块 1 中，从而创建了一个"区块链"。注意到区块 2 中的"之前区块的哈希值"和区块 1 的当前哈希值是相同的。因此区块 2 将永远链接到区块 1。当区块 3 产生的时候也是如此，它将永远链接到区块 2！这是使得区块链如此安全的特性之一。当额外的区块被链接到链上时，同样的过程将被一遍又一遍地重复（图 2.6）。

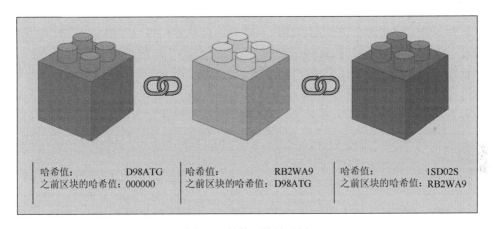

哈希值：　　　　　D98ATG	哈希值：　　　　　RB2WA9	哈希值：　　　　　1SD02S
之前区块的哈希值：000000	之前区块的哈希值：D98ATG	之前区块的哈希值：RB2WA9

图 2.6　链接区块链示例

这是一个关于如何创建区块并将其链接到另一个区块上的基本技术。为了确保一个防篡改的链，还有更多的功能需要展开。现在，让我们在上述基础上再进一步介绍。

案例研究：一个简单的信用卡交易

假设有一天晚上你去一家餐馆吃饭。在用餐结束的时候，你把你的付款卡交给服务员来结账。人们普遍认为只有你和餐馆参与了这笔钱的转账，但事实并非如此。幕后还有许多交互，这些交互最终会增加巨大的成本。

想想看——你交出的卡片和刷卡的机器都是商业中介的延伸。为了处理你的账单，你的金融机构将通过一系列的渠道运行所有相关的细节。它们将检查目前你的信用卡余额和可用的信用额度，反欺诈检测措施将被使用，以及解决其他极其复杂的问题。然后，餐厅的金融机构将通过自己的操作过程来运行交易数据。如果你的金融机构与餐厅使用的金融机构不同，这将带来一系列新的问题需要解决。

根据具体情况，这个问题列表可以继续罗列下去。然而，最终，所有这些中间人都会从餐馆的收入中分走一部分，而你，作为消费者，将会以更高的销售价格的形式承担一些负担。如果有办法消除这些中间人，并且仍然享有安全、可靠和可信的支付机制，那么个人、企业和整个社会都将会从中受益。幸运的是，区块链已经提供了许多解决这些问题的方法！

2.5　创建区块链交易

为了更好地理解价值是如何通过点对点的区块链网络进行转移的，现在我们来看一下区块链交易是如何从端到端执行的。图 2.7 将区块链交易过程分解成更容易理解的部分。在我们推进的过程中，关注区块链本身及其自动化过程如何消除对中介的需求（及其相关成本），同时仍然提供了无缝、可靠和可信赖的价值转移。

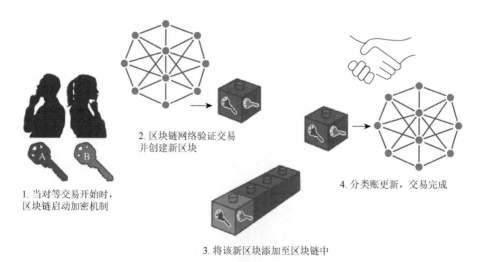

1. 当对等交易开始时，区块链启动加密机制

2. 区块链网络验证交易并创建新区块

3. 将该新区块添加至区块链中

4. 分类账更新，交易完成

图 2.7　创建区块链交易

第 1 部分——当一方决定以点对点的方式向另一方传送价值单位时，交易就开始了。在本例中，Alan（阿兰）想要向 Beth（贝丝）发送 10 个代币。为了做到这一点，Alan 将访问他的数字钱包，并请求将 10 个代币转移到 Beth 的钱包。Alan 需要输入 Beth 的公钥地址，这样代币才能转移到正确的地方。从这点开始，一系列的过程将开始进行。

Alan 的数字钱包需要确认申请转账的人是 Alan 本人。Alan 可以输入他的密码或者使用生物特征识别技术进行验证。数字钱包将会检查其余额，以确保 Alan 有足够的存款。

然后数字钱包会拿走 Alan 的私钥并通过一个特殊的加密功能创建一个数字签名。就像逐项检查一样，区块链交易需要证明发送者确实是所发送内容的真正所有者。数字签名是独一无二的，并且只有在上述特殊情况下才能使用。它们是加密的，这样其他人就不能在其他交易中或其他时间伪造它们来进行欺诈。数字签名的数学特性为区块链的所有用户提供了确凿的证据，证明请求这笔交易的人的确是 Alan。此外，没有人能够使用数字签名来破译 Alan 的私钥。

一旦这些认证过程完成，数字钱包就会将请求的所有相关信息——Alan 和 Beth 的公钥地址、时间戳、代币数量和 Alan 的数字签名——合并到适当的密码哈希值和格式中。得到的数据将被用来创建一个新的区块（图 2.8）。

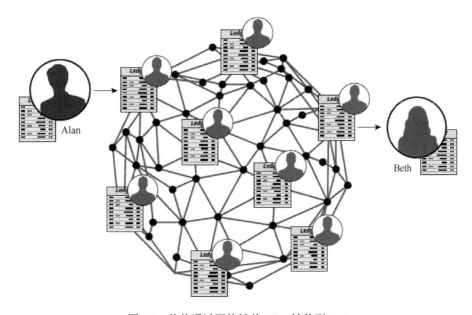

图 2.8　价值通过区块链从 Alan 转移到 Beth

第 2 部分——Alan 提出的区块现在将发送给区块链上的所有参与者。每个参与者都有自己的区块链分类账副本。然后每个参与者都会检查 Alan 的账户中是否至少有 10 个代币。节点还会检查 Alan 的数字签名，寻找任何被篡改的迹象。如果一切顺利，每一个参与者都会批准该区块的内容，也即这项交易本身。区块链将检查所有参与者以确定是否达成了共识。如果达成了共识，这意味着每个人都同意分类账的新状态，那么这个区块就已经准备好链接到现有的区块链上了。

第 3 部分——新确认的区块将链接到最新版本的区块链的末尾。添加的区块现在已经通过加密方式链接到现有的区块上。

第 4 部分——更新的区块链已经完成，每个人都会得到最新的副本。因为这个过程是以数字方式进行的，所有参与者都会同时收到新制作的分类账。

2.6　篡改区块链

那么，如果有人试图以欺诈手段篡改分类账的内容会发生什么呢？让我们来看看为什么说在一个广泛使用的区块链中这几乎是不可能实现的。

在进入具体的场景之前，让我们先审视全局。人们倾向于使用区块链解决方案的一个主要原因是：每个人都持有一份正在使用的分类账副本，因此避免了中央机构的干预。数据及其历史记录经过数学加密，通过网络实现点对点的传播。参与者自己可以拒绝有违约或哈希值与他们的副本不相符的区块，这就创建了一个自我监督机制。

当有人试图改变分类账时，这条信息就会被广播出去引起每个人的注意。如果有人故意操纵分类账的内容，哪怕只是轻微地操纵，这些区块的哈希值就不再一致了。记住，即使是对数据做一个微小的改动，也会导致产生的哈希值发生重大变化。区块链上的节点可以迅速发现这些差异，并拒绝所提出的更改。如果没有达成共识，则分类账不会被修改。

让我们来看几个案例，看看为什么会有人试图篡改分类账。

参与者可能想要伪造代币副本来制造出新的代币用于花费。毕竟，数字资产只是一系列的 0 和 1。但这还不足以凭空制造出新的代币。在区块链中，所有权和资产的稀缺性是具体清晰的。如果有人试图在一个特定的账户中放置额外的代币，那么做出此更改的分类账将与系统中的所有其他分类账不同步。区块链上的其他用户将会拒绝该版本，并拒绝批准请求。因此，为了改变任何特定账户中代币的数量（上升或下降），必须进行有效的交易——每笔交易都需要达成共识才能包含在分类账中。

参与者可能会试图花费比他的账户中更多的代币。每当发出转移一定数量代币的请求时，整个链上的用户都会检查分类账，以确认发送方账户余额充足。

如果账户余额不足，交易则会立即停止，分类账中也不会有任何变化。预期的收款人也不会看到账户余额的增加。这种检查机制可以防止出现所谓的重复支出问题。

参与者可能试图同时发送多个事务，但并没有足够的钱来支付所有请求的总金额。例如，假设 Kim（金）的账户中有 100 个代币。在同一时间，他向 Lee（李）发送 75 个代币，向 Pat（帕特）发送 50 个代币。但是 Kim 只有 100 个代币，因此缺少 25 个代币。区块链交易总是在被处理之前先进行排序。因此，其中一笔交易将会被首先放入队列中，尽管事实上 Kim 同时发送了这两笔交易。区块链平台在如何确定先后顺序方面可能会有所不同，但总会有一种排序机制来处理请求的交易。在这种情况下：

（1）如果 Kim 转给 Lee 的交易先被执行，那么 Lee 将会得到 75 个代币，Kim 将剩余 25 个代币。由于 Kim 的账户资金不足，与 Pat 的交易最终将被拒绝。Pat 将什么也得不到。

（2）如果 Kim 转给 Pat 的交易先被执行，那么 Pat 将会得到 50 个代币，Kim 将剩余 50 个代币。由于 Kim 的账户资金不足，与 Lee 的交易最终将被拒绝。Lee 将什么也得不到。

请记住在这种情况下无论是谁被排除在外他都会很快知晓这一点。不管是 Lee 还是 Pat 的账户没有增值，都会让他们知道 Kim 没有履行他的承诺。接下来，Kim 将不得不与被排除在外的一方和解。这就避免了重复支出的问题。

参与者可能试图使之前的交易无效。在这种情况下，链上的成员可以检查之前的区块并确定它确实发生了。数字化的结构数据将显示所完成交易的细节，这些细节通过诸如时间戳、数字签名和网络共识协议等体现。就像如果前房主回来重新提出要求一样，真正的房主可以出示经过公证的文件和政府官方记录档案以证明出售确实发生，并在规定的日期后已生效。

参与者可能试图拦截代币。一名成员可能会试图将这些代币据为己有，但其他参与者不会接受欺诈性的占有。改变代币去向的地址就会改变区块中信息的内容，由此产生的哈希值将会与预期的不同，并且不能通过链上用户批准所需的必要检查。

区块上的节点试图向其所有者没有授权提现的账户收取费用或税款。请记住离开账户的代币需要得到其合法所有者的授权。在这种情况下，提取的代币不会包含正确的数字签名。账户的真正拥有者需要授权包含代币的数字钱包发送额外的资金，以便收取费用和税款。

参与者只向网络社区中选定的成员发送虚假交易以进行验证，而其他参与者则被排除在外。在这种情况下，收到虚假交易的分类账将与那些并未收到交易信息的分类账不同步。分类账状态不一致可能会阻止达成共识。

区块链的数字和分布特性使得这项技术变得可靠。归根结底，伪造区块链所包含内容的唯一方法就是让绝大多数网络参与者围绕一个错误的分类账达成共识。但是，随着越来越多的人拥有相同的分类账副本，实施这样的造假将变得越来越困难。

在上述最后一个例子中，前后不一致将会阻止新的共识达成，但是如果有足够多的节点被说服就分类账的错误状态达成一致意见，那么这个错误小组就可能会变得足够大以至于具有压倒一切的能力来迫使达成共识。因此，尽管也可能会产生一个破碎的系统，但区块链平台背后编程的稳健性、平台社区的声誉以及协商机制中采用的精确程序等因素对于保持系统按预期运作非常重要。随着链上的成员数量不断增加，虽然一个人或几个人可能会受到牵连，但实施骗局却变得越来越难。这就是区块链的美妙之处——随着社区的成长，其可靠性也在增强。

2.7　智能合同

合同是任何正常运作的商业业务中重要的组成部分。合同在法律上定义了所有权，并在相关各方之间规定了相应的义务。这些协议为当事人提供了一致的理解、交换条款以及在发生纠纷时的补救措施。不幸的是，当合同的一方当事人不遵守协议的条款时，另一方当事人可能试图与违约的对方当事人进行谈判，或者寻求法院解决。任何经历过这类法律程序的人都知道这种仲裁是多么昂贵、耗时以及令人不安。

区块链最有用和最强大的功能之一就是使用智能合同的能力。智能合同允许在交易发生之前编写逻辑程序；本质上，它们是计算机代码单元，当某些预设条件为真时，它们就执行一组命令。在基础层面上，智能合同根据契约条款执行计算、存储信息或发送交易信息。通过一系列的"如果/那么"（if/then）语句，智能合同实现了自动执行和自我管理。协议促进了潜在合同的验证、实施和执行，并且不需要任何中介机构。图2.9展示了智能合同的运作流程。

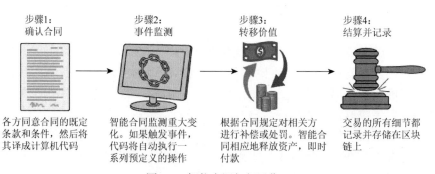

步骤1：
确认合同

步骤2：
事件监测

步骤3：
转移价值

步骤4：
结算并记录

各方同意合同的既定条款和条件，然后将其译成计算机代码

智能合同监测重大变化。如果触发事件，代码将自动执行一系列预定义的操作

根据合同规定对相关方进行补偿或处罚。智能合同相应地释放资产，即时付款

交易的所有细节都记录并存储在区块链上

图2.9　智能合同如何运作

2.8　预　言　机

　　为了增强自主性和可靠性，智能合同可以根据从外部来源收到的数据进行执行。预言机是一个公认的、可信的第三方数据源。通过使用预言机，智能合同决定是否、如何以及何时充分履行合同条款。因此，预言机开辟了通过使用现实世界的数据和信息作为自动执行合同的条件的巨大可能性。

案例研究：安盛（AXA）的航空航班延误保险——"fizzy"

　　欧洲金融巨头安盛开发了一种名为"fizzy"的产品，该产品利用以太坊区块链为航班延误造成不便的客户创建了一种保险合同。这个概念相当简单：fizzy 是完全自动化的；有兴趣的客户可以访问安盛的网站，在输入航班详细信息后获得报价。然后，如果投保人的飞机延误两小时及以上，不管出于什么原因，fizzy 将立即根据保险条款提供赔偿。

　　fizzy 平台连接着世界各地的各种空中交通数据库，这些数据库就像预言机一样，智能合同可以访问所有的相关信息以确定是否确实发生了延误。通过使用智能合同，fizzy 基于一组简单的"如果/那么"规则来决定该保险的结果。如果预言机发布的航班着陆时间超过预定到达时间两小时，则触发向投保人的付款。因此，保单持有人和安盛集团都将偿付决定委托给了一组独立的商定第三方。

　　所提供的保险范围是完全透明的，因为每个人都事先确切地知道如果航班延误将获得多少赔偿。区块链技术提供了可靠性，一经购买，合同的条款就不能改变。如果条件得到满足，被保险人将会得到偿付。

　　对于大多数标准的保险产品，证明事件发生及其损失的责任在于投保人。但是对于 fizzy，投保人不需要证明任何事情。智能合同让事情变得非常方便——客户从提供详细的延迟文件的压力中解放出来。验证和付款是由智能合同和其背后的代码程序自动完成的。这为安盛集团及其客户节省了大量的时间、精力。它还可以减少，甚至消除欺诈的可能性。

　　fizzy 的例子说明了使用智能合同来做生意是多么透明和容易。难怪安盛集团大肆宣传 fizzy 的口号是"不需要要求，不用填表，不浪费时间"。[1][2]

---

① AXA. "AXA goes blockchain with fizzy". Newsroom. September 13，2017.

② Alexandre Clement，"fizzy by AXA：Ethereum Smart Contract in details"，Medium，May 24，2019.

智能合同对用户构建和执行不管是简单的还是高度复杂的交易，都具有巨大的实用性。智能合同以一个公开的、简易的方式完成交换货币、财产、权利、证券或其他任何有价值的东西。当智能合同完成后，存入第三方托管账户的付款就会被释放。智能合同以与传统合同相同的方式定义了关于协议的规则和处罚内容，但它可以自动强制执行相关义务，而不需要当事方采取任何其他行动。一旦条款被执行，智能合同的结果就会被加密到区块链中，并以不可修改的方式存储记录。

最终，智能合同能够实现自治，并可以在各方之间建立即时信任。投资者喜欢确定性和透明性。当人们长期投入资本时，他们会想知道他们得到了什么。智能合同确切地定义了预期的内容，并确保确切地定义了实际发生的事情。用户可以放心，这些条款将在及时、准确和可审计的基础上得到履行和验证。智能合同也为参与者创造了节省大量资金的机会——支付给中介的资金现在由当事人保留。

智能合同不需要讨论、争辩或等待。计算机程序将按照编码的方式运行，每次都会按时运行。考虑到这种交易方式的简单性和确定性，许多人相信智能合同将成为全球交易系统的支柱（图2.10）。

图2.10　智能合同的优势

2.9　区块链的特点和优势

"任何可以被视为供应链的东西，区块链都可以极大地提高其效率；不管是人、数字、数据还是金钱。"

——罗睿兰，IBM 首席执行官[①]

现在，我们已经很好地了解了区块链的工作方式和它可以做什么，是时候总结一下为什么说区块链是未来金融业技术的关键要点了。

区块链的优势主要有以下几点。

1. 可信赖

（1）用户网络为区块链上的活动提供自我监督。

（2）编码程序可以以一个统一的方法追踪和验证存储在链上的所有数据。

（3）用户有一个可靠的途径来控制他们自己的数据、资产和身份。

2. 安全

（1）密钥加密可以保护个人用户的权利。同时，加密功能确保每个人都可以查看分类账的内容及其历史记录。

（2）数学规则确保保存在链条上的记录是防篡改和永久的。

（3）网络的去中心化特性可以防止任何单一的故障点影响区块链的数据或操作。这使得区块链不易受到欺诈和网络犯罪问题的影响。

3. 透明性

（1）由于平台不是集中控制的，系统可以保持中立和公正。

（2）参与者公开在共享的分类账上进行交易。

（3）当任何参与者想要发送一条消息时，这个区块将会被发送给所有的用户。没有任何实体能够阻止这种情况的发生。因此，审查制度是毫无问题的。

4. 高效性

（1）以电子方式运行的区块链创造了许多机会来简化流程、消除干预以及实现自动化，如实现自动化审计、报告和公证。

（2）减少中间商可以降低成本和缩短处理时间。

（3）预先设定的规则可以消除或减轻参与者之间的争议。

（4）技术可以降低风险，提高准确率。

5. 创新性

（1）区块链的体系结构允许工程师在上述基础之上进行构建。区块链的这些

---

① Rin Kachui，"Why You Should Invest in Learning Blockchain Technology in 2020"，APAC Entrepreneur，accessed April 1，2020，https://apacentrepreneur.com/why-you-should-invest-in-learning-blockchain-technology-in-2020/.

性质增强了新的应用程序和现有的应用程序之间的协作性，并促进了所有移动部件之间的协调。智能合同就是这种互连性带来好处的一个例子。

（2）区块链适应性强，可以在需要的时候进行升级和优化。

虽然有许多词汇可以用来描述区块链，但"完整性"可能是其中一个最突出的特征。区块链技术提供了一种可靠的、一致的、安全的以及对客户友好的方式来执行各种交易。越来越多的人、企业和组织使用区块链解决方案，以降低成本，并为新的业务模式和收入流创造机会。这些经济激励措施将导致在未来几年内利用区块链的用户数量激增。在金融业这种情况正在发生！

2.10　区块链平台与其他平台的区别是什么？

区块链革命始于 2009 年，当时世界首次引入比特币。从那时起，人们尝试着为区块链添加更多的功能、对其进行重新设计并且提高其性能。全新的区块链，有时被称为区块链平台已经开始运行——有些具有更广泛的应用场景；有些具有不同的技术；有些可能具有更多的访问限制；有些具有多方面的组合。当谈到选择哪种区块链解决方案将获得更大的市场份额时，需要考虑一些因素。没有一个平台是完美的。就像当一个消费者想要选择一辆新车时，权衡取舍是必需的。在区块链中没有一个放之四海皆准的选项，至少目前还没有。

目前，比特币是市场上的主要选择。它有着强大的用户基础，但是与其他区块链系统相比，它的技术还是有所欠缺。以太坊凭借其智能合同特性占有一席之地，但许多人质疑它是否具备长期可持续的交易吞吐能力。企业操作系统（enterprise operating system，EOS）相较于比特币或以太坊具有更好的可扩展性，但还未能赢得用户的青睐。当然，还有很多其他的选择，在未来几年还会有更多的区块链平台出现。现在让我们来看看在确定区块链是否具有赢得用户的特性时需要思考的一些问题。

1. 目的

（1）这个区块链的目的是什么？

（2）这个目的在市场上是独一无二的吗？

（3）这个区块链的目的是否太宽或是太窄？

2. 社区

（1）这个平台的使用范围有多广？随着越来越多的人使用它，这个平台的实用性会增加吗？

（2）用户基础的多样性如何？

（3）这个平台的声誉如何？

（4）这个平台是否有利于技术专业人员投入时间开发？

（5）是否建立了适当的协议来鼓励开发者和新用户来到这个平台？

3. 能力

（1）这个平台的各种功能如何为用户增加价值？

（2）这个平台的可靠性如何？

（3）这个平台的关键限制是什么？

（4）底层技术是否支持智能合同和去中心化应用？

（5）这个平台是否可以长期使用？

（6）这个平台上的应用程序和功能是否与其他广泛使用的技术兼容？

（7）这个平台是否容易修改或升级，以包含新的技术或特性？

4. 可用性

（1）这个平台是否对用户友好，并且容易让新参与者参与进来？

（2）在用户访问之前，网络是否需要许可？

（3）是否存在法规可能会影响平台的使用方式的顾虑？

5. 安全性

（1）这个区块链本身的安全性如何？

（2）是否存在隐私问题？

（3）协商机制是否提供适当的激励措施并促进公平发展？

（4）在平台上运行的程序是否合理，以确保交易不会被伪造或改变？

（5）如何存储和访问相关数据？

（6）平台的代币供应是固定的，还是可以根据特殊群体的利益而改变数量？

6. 经济性

（1）交易需要多长时间才能被添加到链条中？这个速度会随着用户数量的变化而受到影响吗？

（2）平台的代币是否可在重要交易所进行交易？

（3）是否存在与交易相关的费用？在使用该平台时可能会产生什么其他成本？

（4）在分类账上公布新的交易是否需要消耗大量能源？

（5）将基础代币转换成法定或其他数字证券是否容易？

在评估各种区块链平台时，应该考虑总体收益、成本和风险。不仅要从自己的角度，而且要从他人的角度来考虑一切，这一点很重要。可以通过如何预测才艺竞赛的潜在赢家的框架来思考这个问题。为了做到这一点，你必须考虑到其他人或团队可能会倾向于什么特征。

2.11　本 章 小 结

1. 区块链为价值交换提供了一种非常有效的手段。

2. 为区块链技术提供基础的三个要素是会计、计算机科学和治理系统。

3. 密码学是区块链信息传播的基础。

4. 分布式账本技术是一种记录交易并将其传递给区块链上所有参与者的机制。

5. 当某些条件得到满足时，智能合同可以促进价值的自动交换，并且不需要中介。这一功能可以嵌入到区块链中。

6. 通过设计，区块链是可信赖的、安全的、透明的、高效的和创新的。

7. 目前，市场上有成千上万的区块链平台可供选择。最广为人知的是比特币、以太坊和 EOS。区块链平台有不同的特性、功能和用例。

第 3 章　证券型代币的基础知识

1. 证券型代币将为金融市场带来更强大的功能、更低的成本、更快的速度和更高的透明度。

2. 数字证券可分为支付代币（payment tokens）、效用代币和证券（资产）型代币（asset tokens）。

3. 代币化是将现实世界中资产的权利和利益转换为可以在区块链系统上存储、分割和交易的数字证券的过程。

3.1　区分数字资产的类型

十多年前，第一个运用区块链的数字资产——比特币正式推出。此后，人们认识到了这项新技术通过创造新的投资机会、为项目筹集更多资金甚至降低监管风险等形式带来的广泛影响和新的机遇。但随着针对特定现实问题而设计的"Cryptos""Cryptocurrencies"（加密货币）、"Altcoins"及其他代币出现，它们在目的和特征方面的显著差异已变得十分明显。代币的使用和功能差别很大，因此我们需要进行基本的分类以区分其使用方式和监管方式。

好消息是，我们已经有了一个清晰的框架来区分这些产品。专家学者和监管机构普遍认为，在讨论数字资产时，应将代币分为三类。2018 年，瑞士金融市场监督管理局（Swiss Financial Markets Authority，FINMA）制定了一套具体的标准，以确定区分的准则和参数[1]。在 FINMA 的引领下，各方逐渐开始在市场中接受这些标准，形成了一个普遍性的世界性的共识，即数字证券（通常称为"加密货币"）被分为支付代币、效用代币和资产型代币。

接下来我们将更深入地了解这三类数字证券。我们将通过它们的具体特征、所赋予的不同权利、受到严格监管的方式以及转让所需的机制来观察每一类型。虽然三种类型的代币都基于区块链技术产生，但它们之间有着根本的不同。

支付代币：这类代币只是一种数字货币，充当交换媒介和价值储藏的手段。使用加密技术来管理每个单位货币的生成和验证资金的转移。该类代币是三种代币中设计得最简单的一种。

---

[1] "FINMA Publishes ICO Guidelines"，FINMA，February16，2018，https://www.finma.ch/en/news/2018/02/20180216-mm-ico-wegleitung/.

支付代币的价值完全由供求关系决定。价格变动只是买方需求量与卖方供给量的函数。显然，如果代币的用户数量增加，代币的价格就会上升；如果代币的用户数量减少，代币的价格就会下降。在供给方面，如果发行更多的代币，代币价格就会下降；如果发行量减少，代币价格则会上升。

比特币和其他加密货币是基于这样一种理念而创建的——应该存在一个不受干扰的市场并且应该尊重用户的匿名性。支付代币被编码，以便可以去中心化地独立运行。因此，制定有效的法规来禁止它们的转让是极其困难的。

"如果美国不希望加密货币在美国存在并试图禁止它，那我深信我们不会成功，因为加密货币是一项全球性的创新。"

——美国参议员迈克·克拉波，参议院银行委员会主席①

效用代币：这类数字资产使其持有者能够与平台互动或从平台获得效用。效用代币不是作为投资而被发明的，它们不赋予标的项目任何所有权，也不提供任何控制标的实体决策的能力。它们仅仅使持有者能够访问实体已声明即将提供的服务或功能。

效用代币可用于访问网络数据存储、通过专门的算法处理某些数据或是玩网络游戏。它的用途和潜能非常多样。

理解这类代币的最简单的方法是将它们与在游乐园里用的代币进行比较。小时候，我和伙伴们经常去州博览会，在入口处我们需要用现钞来获得一些金币——每枚金币都可以让我们游览博览会的一个景点项目。当我们想继续游玩，比如说，坐摩天轮时，我们只用掏出一枚金币，工作人员就会让我们进去。虽然这些金币清楚地标有"无现金价值"，但它们的确具有价值——为我们提供了做我们想做的事的权利。

效用代币表现功能的方式与我们在州博览会上购买的代币大致相同。购买代币并不意味着我们有权告诉州博览会的管理层应该提供什么游乐设施、他们应该收取什么价格或者他们必须雇佣谁。这些代币也没有给我们带来一天结束时可能存在的部分利润。它们只是能派生特定服务使用权的一种方式。

效用代币可以并且已经被用来为创建项目募集资金。这是投资者必须注意的一点。通常，效用代币被设计为一种预付凭证，用于在创建某个项目或基础设施后提供服务。很多时候，发起人出售了代币，但没有费心去开发他们所宣传的东西。这就像购买州博览会的门票或代币一样，它永远不会在城镇举办或提供所承诺的游乐设施类型——买者自负！

效用代币的价值由简单的供求关系驱动，并依靠用户对它的信心来维持价值。效用代币可转让性的控制方式通常与支付代币相同，因情况而异，并且一般适用

---

① Kyle Torpey, "U.S. Lawmakers are Realizing They Can't Ban Bitcoin", Forbes, July 30, 2019.

客户调查（Know Your Customer，KYC）和反洗钱（Anti-Money Laundering，AML）规则。

一般来说，效用代币的监管水平相当低，介于对支付代币和证券型代币的监管要求之间。根据司法管辖范围的不同，一定程度的保护是有必要的，但很可能不多。

资产型代币：也被称为证券型代币。这些代币与现实世界资产挂钩并代表对现实世界资产的经济主张。证券型代币的持有者有权享有相关资产的某些权利和特权，包括收益分配、资产出售所得、股利或分拆。持有者可能有资格对资产的管理事务参与投票，或者能够要求对发生的任何事件进行会计处理。几乎任何有价值的东西——无论是房地产、货物、艺术品、知识产权、固定收益产品，还是其他任何事物——都可以当作证券型代币的担保品。

对证券型代币的一个关键理解是它的价格与标的资产的价值相互作用。假设一单位证券型代币与一盎司黄金相关联。如果交易所的黄金价格为每盎司 1000 美元，则代币的理论价格也应为 1000 美元。如果黄金价格上涨 50 美元，那么代币的价值也应该上涨 50 美元。

我们稍后将深入讨论监管问题，但总而言之，对证券型代币的监管非常严格。监管的高标准体现在许多环节，包括代币的创建和转让。代币只有在满足严格的法律和合规要求后才能发行，这提供了政府当局授权的投资者保护。如果违反适用的法律，发行人和投资者可能会受到刑事诉讼和（或）其他处罚。

你可能还听过一种称为"Altcoin"的代币。它是"Alternative Coin"的简称，意味着它是比特币的替代品。作为第一个发行的加密货币，由于其市场主导地位和受欢迎程度，"比特币"通常被用作所有代币的总称。Altcoin（山寨币）只是像比特币一样在区块链上提供代币的平台。其实，除了与比特币的区别之外，Altcoin 一词实际上并没有其他含义。理论上，山寨币可以是支付代币，也可以是效用代币或证券型代币。不过，当今市场上的山寨币主要是支付代币（表 3.1）。

表 3.1　代币类别与特征

代币类型	支付代币	效用代币	证券型代币
举例	比特币，以太坊	币安，千联	BitBond，Aspen St.Regis
特点	提供交换媒介和价值储存；避开类似证券的特征	避开类似证券的特征	表现出类似证券的特征
认股权	只承认代币	服务权的使用	确立所有权
规则	难以通过设计进行调节	有限调整	广泛监管
可转让性	几乎无限制	有限限制	受到各种限制，包括 AML 和 KYC 要求、嵌入智能合同的条款和其他规则

3.2　证券型代币是如何出现的？

今天，大多数人想到数字证券时，会立即把它与"加密"这个词联系起来。到目前为止，数字资产的投资和交易主要集中在作为支付代币的货币上，但是区块链的基础技术正在快速扩展到其他类型的资产。在不久的将来，证券型代币市场将会使支付代币和效用代币市场相形见绌。我们是如何走到金融史上这一激动人心的时刻的？又是哪些事件的发生使这一结果成为现实呢？

比特币诞生几年后才真正拥有了一批追随者。直到 2012 年，比特币的月交易量才超过 100 万[①]。接下来的几年里，越来越多的加密货币相继发行，然而该领域的新闻基本是报道各种丑闻和政府对黑暗交易的打击。美国、中国和韩国等地的监管机构与执法部门开始研究如何应对这种似乎正在席卷全球的新现象。要知道，自比特币发行以来，市场上已经出现了 4000 多种山寨币[②]。

Overstock.com 是最早接受使用比特币转账支付购买其商品的知名电子商务网站之一。该公司在决定接受加密货币之前进行了详尽的尽职调查，在此过程中，它们确认区块链技术另一个潜在的益处是债务类和权益类证券的代币化。因此，CEO 帕特里克·伯恩（Patrick Byrne）投入了大量资金用于证券型代币交易的研究[③]。

那些创新型企业家随后也加入进来，探索证券型代币将如何改变市场运行机制，并寻找有利可图的方式来挖掘其潜力并获取利润。很快，新发行的代币具有了 KYC 和 AML 的特征，以使其更接近所能达到的最佳现实状态。后来，人们又运用数字身份技术改进了代币，提高了其合法性。

其他重大里程碑出现在监管机构宣布有关各类数字证券的监管规则之际。2014 年，英国财政部受命研究加密货币，确定它们在英国经济中可能发挥的作用，并评估其是适用于何种法律准则[④]。2018 年 6 月，美国证券交易委员会（United States Securities and Exchange Commission，SEC）裁定加密货币以太坊和比特币均不属于证券，理由是这些加密货币的平台高度分散。但是，其他类型的效用代币和支付代币将受到 SEC 的监管，因此将受到相关证券法律的约束。这一裁

[①] "Blockchain Charts"，Blockchain.com，accessed April 1，2020.

[②] "Altcoin News"，blokt，accessed April 1，2020.

[③] Jeff John Roberts，"Security Tokens Will Be the 'Killer App' of Cryptocurrency, Overstock CEO Says"，Fortune，June 20，2019.

[④] Nermin Hajdarbegovic，"Chancellor George Osborne has Announced A New Initiative That will Explore the Potential Role of Cryptocurrencies in Britain's Economy."，Coindesk，August 6，2014.

决意义重大，如果 SEC 做出相反的决定，该领域的创新可能被扼杀[1]。

2019 年 7 月，SEC 批准区块链初创公司 Blockstack 根据众筹规则发行第一个受监管的证券型代币[2]。同年 9 月，塞舌尔证券交易所成为世界上第一家在国家证券交易所启动首次公开募股（initial public offerings，IPO）的区块链公司[3]。这些事件表明代币化可以与必要的监管机制兼容配合，以保证证券的发行安全、合规。

当前，我们正经历一大批新公司和新项目通过证券型代币融资的浪潮，一些开拓型的企业家也决定用这种创新的包装形式展示它们的产品。最终将会开启传统证券的代币化进程，并产生一系列令人难以置信的效益，改变金融市场的运作方式。

随着证券型代币变得更加普遍，以及围绕它们的数字包装变得更加标准化，管理证券的总成本将下降。证券型代币将开启新的功能，并消除与投资有关的许多麻烦，这为发行、购买和出售这些数字证券的企业创造了巨大的机会。

3.3　证券代币化

传统证券的代币化将带来诸多好处，从而彻底改变金融市场的运作方式。代币化（tokenization）是将现实世界中资产的权利和利益转换为可以在区块链系统上存储、分割和交易的数字证券的过程。经过该过程，资产的所有权通过代币以数字方式被链接和跟踪。代币化不改变资产自身的性质，而是增强对资产所有权的跟踪和管理。

证券型代币是资产代币化的产物。证券型代币使用去中心化控制来监督标的资产的簿记、转让和真实性。对每个证券型代币的去中心化控制是通过分布式账本技术，特别是作为交易数据库的区块链来实现的。利用代币管理资产的储存和运作，使标的资产的跟踪、记录、校验和交易变得更加容易。

历史视角：黄金券

　　本杰明·富兰克林曾经说过："在这个世界上，只有死亡和税是逃不掉的。"世界上各个政府对公民征税的最一致的一种形式便是通货膨胀。这种对财富的

---

① Kate Rooney，"SEC Chief Says Agency Won't Change Securities Laws to Cater to Cryptocurrencies"，CNBC，June 6，2018，https://www.cnbc.com/2018/06/06/sec-chairman-clayton-says-agency-wont-change-definition-of-a-security.html.

② Paul Vigna，"SEC Clears Blockstack to Hold First Regulated Token Offering"，Wall Street Journal，July 10，2019.

③ Alona Stein，"MERJ Exchange Goes Live With World's First Tokenized IPO"，Business Wire，September 12，2019.

课税由来已久。在古代，罗马政府曾将流通中的银币的中央部分挖空，以防止贵金属短缺。当然，议员们还规定，尽管金属含量降低了，但银币的价值保持不变！

民众自然不会被这类把戏愚弄太久，很快便开始对他们的行为进行调整。当过多的货币追逐过少的商品时，价格就会开始上涨。如果政府不停止针对货币的毫无依据的立法行为，价格可能会失控地飙升，到那时法定货币也将不再被任何人接受。在过去的一百多年里，从德国到匈牙利，到委内瑞拉，再到津巴布韦，这些国家见证了它们的经济（以及它们国民的毕生积蓄）被通货膨胀无情地摧毁。

在南北战争时期，美国政府花费了大量资金支持战争。当政府超支时，通货膨胀发生了，人们逐渐对法定货币失去信心——是的，这正是今天作为主导性的全球通用货币的美元曾经经历的故事。

于是，美国国会采取措施试图重建一种经济中可行的交易手段。但考虑到美国在那个时代的过往记录，必须带来真正的变化才能恢复公众对货币供应的信心。1863 年，美国第一张黄金券以纸币形式发行。每张黄金券都赋予其持有人赎回相应数量黄金的权利。每发行 20.67 美元的货币，一盎司的黄金将存放在金库中，以确保这些黄金券的持有者可以用纸币换取金条。

这一体系运行了许多年，恢复了美国民众对经济的信心。人们可以放心地购买黄金券，因为他们通过商品和服务换取的这种纸质凭证提供了价值贮藏功能。

不幸的是，美国政府无法完全保持预算一致，在多个时期，他们将美元（自然也就有黄金券）相对于黄金进行了贬值。1933 年，罗斯福总统发布了一项行政令，暂停除外汇外的金本位制，并取消了黄金作为债务的通用标的地位。根据该法令，黄金当时每盎司价值 35 美元，这一价值几乎保持了 40 年。直到 1971 年，面对巨额的对外贸易逆差，尼克松总统单方面下令取消了美元对黄金的兑换，震惊世界。人们注意到通货膨胀很快再次飙升。到 1980 年，黄金价格升至每盎司 650 美元以上[①]。

导致黄金券体系崩溃的原因有很多，但归根结底，失败的根源在于当政府没有实现其承诺时，没有什么办法能持续保证人们对黄金券的信任以及挽救这种情况。

今天，美元完全得到了"美国政府的充分信任和信用"的支持，这一理想几乎是世界各地发行的所有其他货币的基础。这与"它和黄金一样好"并

---

① Wikipedia. "Gold Standard Act". Last modified February 20，2020.

不相同！

　　由资产作为保障的数字代币与政府对黄金券所做的保障并没有太大区别。那么政府的措施到底出了什么问题？为什么证券型代币的表现会有所不同呢？通过阅读本书，我们便能思考智能合同、分布式账本技术以及围绕发行、托管和报告的职责分离将如何帮助防止代币化资产遭遇与黄金券相同的命运。

3.4　代码即法律

　　比特币和其他区块链产品在 2008 年全球金融危机后被开发并引起公众关注，这很可能并非巧合。危机暴露了我们金融体系中的许多系统性缺陷，并表明最受我们信任的机构是多么敏感和脆弱。所以，社会开始不信任我们的金融机构、中央银行和制定法规的官员。对一些人来说，监督金融交易的工作人员并不可靠，不值得信任。这种环境导致一些人探寻修补金融系统的方法。这无疑导致了比特币和区块链金融产品的诞生。

　　数字资产最吸引人的特征之一是分布式账本技术可以帮助我们解决透明度和流动性问题。将规则通过编程置于证券本身中，可以产生更有效的监督、更便捷的访问和更高的透明度。我们能依靠这些规则背后的计算机代码来防止市场上的恶意意图、市场操纵和不必要的猜测行为。预定义的规则可以帮助我们更好地实现各环节的合规性、数据保护和自动实时报告。编码和公开信息防止了任何有权势者突然稀释某资产的价值或逐渐掠夺其价值。从本质上讲，区块链提供了一种将货币权力和经济权力归还给普通民众的方式。

3.5　代币化的益处

　　图 3.1 将证券型代币带来的一些巨大好处展示给我们。

1. 流程自动化

　　运用区块链，证券型代币技术能够使目前由付费第三方中介机构提供的许多服务功能实现自动化。许多交易和证券维护的步骤历来都是低值且昂贵的、但从监管角度看又有必要的附加品。区块链技术将允许这些过程通过嵌入证券型代币本身的代码无缝执行，从而降低成本，节省的资金也将由众多利益相关者共享。

　　通过证券型代币，标的证券的所有权和转让历史以数字方式记录在区块链上。所有权的数字化和标准化，将简化围绕记录保存和交易对账的管理工作。在当今

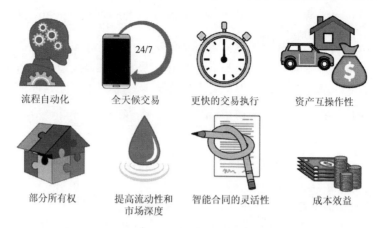

图 3.1　代币化的好处

纸质凭证成为常态的市场中，由于所有权文件一般是脱节的，因此资产的出入面临不少困难。一些提供所有权证明的官方文件可能被锁在保险箱里或存在文件柜中，其他的文件则可能会以 PDF 格式进行电子存储。这些文件丢失并因此需要更换的情况也不少见。最重要的是，商业和法律文件需要许多人的签名或公证人的确认才能具有法律效力。但如果使用代币，所有验证所有权和正当转让所必需的步骤都被编入并包含在了证券本身中。当持有者想要出售证券时，交易过程将是快速、经济、高效和无忧的。

智能合同允许持有者直接与代币的标的业务或资产进行交互。诸如投票权或回购权等公司行为将定期执行，而且代币持有者做出的回应会被共享和纳入考虑范围。在智能合同下，将有可能自动分配股息，并以比每年或每季度更频繁的时间间隔分配。

总之，流程自动化将降低成本，提高市场能力并明确更多的责任义务。

2. 全天候交易

不管你相信与否，各个交易所有限的交易时间让人感到沮丧。如果你今天想在市场上交易美国股票，通常可以在美国东部时间工作日上午 9:30 至下午 4:00 之间进行，而且这是在当天为非节假日的条件下。此外，这还假设你居住在东部时区；如果你住在加利福尼亚州，你就不得不早起以在公开市场进行交易，而在你吃完午饭时市场就已经关闭。还有一些人住在夏威夷或阿拉斯加，甚至其他国家和地区——我们有理由认为这些人在交易美国证券时面临更多的不便！

理论上，你可以在一天中的任何时间、一周中的任何一天交易证券型代币。由于证券型代币在去中心化的市场交易（而不是在国家证券交易所上市），交易将不受交易所标准营业时间的限制。买卖可以随时随地地进行！

3. 更快的交易执行

在交易时，速度至关重要。通常，随着参与的人越来越多，交易需要耗费更长的时间才能完成。证券型代币无须中介机构介入交易环节，而且将必要的流程自动化，所以发行人成功发行证券所花费的时间将大大减少。尤为重要的是，执行交易和随后进行结算所需的时间可以减少到只要几秒钟。

4. 资产互操作性

因为数字技术可以相互配合使用，所以各种资产和流程交互的可能性是巨大的。以住房抵押贷款为例，当业主凭借信用购买一套房产时，该房产的所有权将受到留置权的限制。一旦业主全额偿还了贷款，解除抵押，所有权将必须被更新并在相应的政府辖区正确登记。以当今的开展业务的标准方式，这很可能需要大量时间才能完成，还要付出大量的体力劳动。使用证券型代币，则可以在还清贷款余额后自动释放留置权，然后以电子方式执行一个明确所有权所需的文件，这能大大降低出售房屋时发生的一些交易成本。

在上例中，一种资产，即抵押贷款，正在与另一种资产，即房屋所有权，相互作用。这种互操作性的概念可以应用于其他重要类型的融资方式，只要有借贷、质押或其他创造性货币技术的担保品即可。

5. 部分所有权

通过代币化对资产进行分割的能力将为市场带来大量流动性，在这些市场中，普通投资者历来几乎没有或根本没有机会进入。如果你能自己负担得起购买别墅或高层住宅的花费，那么恭喜你！但是现在，暂且假设你想投资同一房产，且只想拥有一部分权益。在当今的环境下，做到这一点极具挑战性。需要大量的文书工作和法律建议。你可以通过房地产投资信托（Real Estate Investment Trust，REIT）或交易控股公司购买一篮子此类房产的敞口，但它们很可能不会为你提供你想要的特定房产。

分割化向小投资者打开了市场的大门，允许资产细分，并免去了转让许多标的资产所有权的需要。所有权的分割会降低最低投资额，有助于提高流动性。

6. 提高流动性和市场深度

代币化大大增加了资产货币化的机会。当今，由于监管问题或转让成本太高，许多证券缺乏流动性。跟踪贸易活动的过程需要手动进行，成本高昂，并对需要保护自己免受监管风险的发行人造成巨大压力。此外，起草相应的文书时，法律费用会迅速增加。再者，由于缺乏灵活性，许多私人证券通常折价出售，因此无法获得标的资产的全部价值。但是，使用证券型代币构建所有权的项目可能允许投资者选择在更合适的时间寻找到流动性。

3.6 本章小结

1. 代币的使用和功能差异很大，因此需要进行基本分类以区分这些产品的使用方式和监管方式。数字证券被划分为支付代币、效用代币和证券（资产）型代币。

2. 代币化是将现实世界中资产的权利和利益转换为可以在区块链系统上存储、分割和交易的数字证券的过程。经过这个过程，资产的所有权通过代币以数字方式被链接和跟踪。

3. 证券型代币能使用去中心化控制来监督资产的簿记、转让和真实性。

4. 证券型代币和分布式账本技术有助于解决透明度和流动性问题。通过将规则编程到证券型代币本身中，可以获得更有效的监督、更便捷的访问和更高的透明度。

5. 证券型代币将为金融市场提供更强大的功能、更低的成本、更快的交易和更高的透明度。

第 4 章　哪些类型的资产可以被代币化?

1. 代币可以代表法定货币、债券、股票、基金，以及一系列额外的资产类别的所有权。

2. 与资产挂钩的代币构成现实世界资产的经济权利，如商品、艺术品、不动产或基础设施项目。

金融业的数字化将对我们如何交易有价证券、如何在其周转期内持有其份额产生深远影响，甚至将会为我们提供更多新领域的投资选择。通过使用电子化的证券型代币而非传统的纸质股票凭证来代表有价证券，我们的金融系统将变得更为高效，并展现出可观的全新优势。这一创新过程为新投资者打开了释放数万亿美元可投资资产的可能性，赋予了此类资产交易量增加的潜力，并减少了证券发行、购买和出售过程中的摩擦。

代币化已经在市场的许多领域发生。在本章中，我们将看到哪些类型的资产已经以数字化的形式投入应用，哪些资产可能被代币化，然后分析这一激动人心的新突破的一些关键方面。

4.1　转向由资产支持的代币

虽然比特币和其他一些加密货币的价值增长相当惊人，但比特币的价格已经出现了剧烈波动，这让大多数投资者难以忍受。超过 50%或更多的下降已经相当普遍。比特币相对于美元的价值波动基于多种因素。不过归根结底，比特币是一种投机性资产，其需求是价值变动的根本推动力。这种波动性给那些需要为自己持有的加密资产赋予同等法定价值的人带来了许多挑战。这些波动也阻止了商品和服务以加密货币为媒介进行交换。如果一个卖家知道他收到的比特币今天值8000 美元，明天可能值 6000 美元，一件商品又如何以比特币定价? 这使加密货币风险太大，目前无法用作交换媒介。

4.2　稳　定　币

稳定币是一类旨在降低波动性的加密货币，其价格通常与一种既定的"稳定"资产或一篮子资产挂钩。在大多数情况下，稳定币与法定货币或商品挂钩。有了这些属性，稳定币就有了支付功能，而不仅仅是一种投机性的价值贮藏。对其挂钩资产具有赎回功能的稳定币被称为"有担保的"，反之，不可赎回的被称为"铸币税式"（seigniorage-style）。在今天的市场中，大多数稳定币都有一个控制机构来管理、监控和发行与代币挂钩的有形资产。

那么，一种典型的稳定币是如何运作的呢？让我们用一个数字化美元的例子来说明，它与当今市场上提供的一些前沿选项的例子非常类似。但是请记住，每种稳定币都将提供不同的服务条款和程序。这个例子用的是理论上的稳定币。

我们假设流通中的每一单位代币都可与美元 1∶1 兑换。代币的控制机构核实储备金由各种批准的和附属的金融机构（通常称为"存入行"和"存出行"）持有。然后对这些储备进行独立审计，并定期（比如每月）进行报告，以确保公众确信代币确实能以 1∶1 的比例兑换存入的现金。

稳定币是动态创建和赎回的。对于存入附属银行的每一美元，都会另发行一个新的代币单位。为了将资金存入系统，投资者将把资金存入一家已获得代币控制机构批准的存入机构。然后，该存入行将执行一系列协议，将现金转化为与存款资金价值挂钩的数字等价物。客户随后收到代币，然后可以自由地用稳定币进行交易，从而如他们希望的那样进行数字化交易，就像他们使用美元一样。新生成的代币保持与现有代币相同的属性。存入行将以美元为单位持有存款金额，直到该金额后续被赎回。

赎回的过程与上述流程相反。当顾客将代币送到存出行时，代币会被销毁。在成功验证和确认后，基础现金储备中的资金将根据代币的使用条款和条件转移到客户的外部银行。该过程的每个步骤旨在保持流通中代币和已存储货币的总价值之间的平衡（图 4.1）。

由于代币的设计，一单位代币的市场价值应该等价于与它挂钩的法定资产储备数额——在这个例子中是 1 美元；随着时间的推移，它应该保持或非常接近这一数额。想象一下以下情况会发生什么。

（1）如果代币在公开市场上的价值低于 1 美元，比如 95 美分，有人就会在交易所购买代币，然后在场外迅速赎回，从而获得 1 美元。这将导致在这一过程中，每一单位代币可获得 5 美分的利润。这种情况不会持续太久，因为市场参与者会利用这个有利可图的机会，直到它不再可行。流通中的代币数量将会减少，而公开市场上对代币的需求将会增加。一旦公开市场价格达到 1 美元，这种买入和赎回就会停止。

（2）假设代币在市场上的交易价格为 1.05 美元。投资者将在存入行存入 1 美元来创造新的代币。这些新代币可以在交易所以 1.05 美元的价格出售。在这个过程中，投资者将从每一单位代币中获利 5 美分。这种情况也不会持续太久，因为

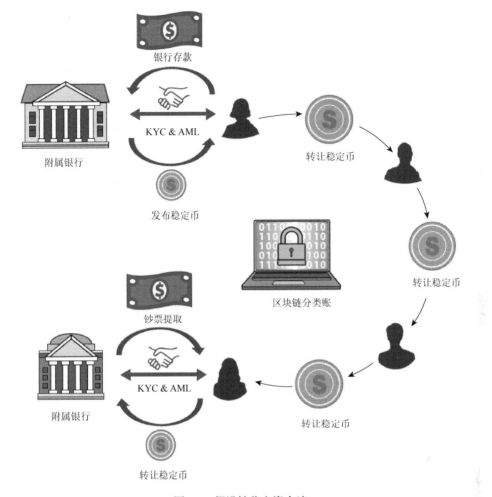

图 4.1 假设性稳定资金流

市场参与者会利用这个有利可图的机会，直到它不再可行。流通中的代币数量将会增加，而公开市场上对代币的需求将会减少。一旦公开市场价格达到 1 美元，这种发行和卖出就会停止。

在这两种情况下，代币的供求变化非常快，以至于市场价格将被拉回到 1 美元。在金融界，这种做法被称为套利。

稳定币可以让用户在几分钟内而非几天内，以廉价和安全的方式将钱转移到世界任何地方。代币是支付便利化、信贷解决方案、风险管理和数字化证券交易发展的重要基础。随着代表法定货币的稳定货币越来越受欢迎，用户将能够持有欧元、英镑、港元、日元以及理论上任何其他货币的数字形式。这将允许大量真金白银被引入系统，然后随时随地在数字系统中进行转移。

在今天的市场上，最受欢迎的几种代表美元的稳定币是 Tether（泰达币）、USDCoin、Paxos Standard（PAX）、TrueUSD 和 Gemini Dollar。

案例研究：Facebook 的"天秤币"（Libra）

2019 年区块链领域中最受关注的故事之一是 Facebook 决定推出一款名为 Libra 的数字支付代币。这个想法似乎很简单：基于与稳定币相同的原则，该代币的价值将得到硬资产的支持。它的价值将通过把用户购买该代币的资金存入银行和兑换成其他现金等价物来维持。Facebook 签署了一份全球知名企业的全明星名单——每家企业都支付了 1000 万美元以作为这一新项目的合作伙伴。Libra 似乎是一股不可阻挡的力量，将推动数字化技术的使用成为主流。[①]

Facebook 声称，该代币将带来许多好处：它将有助于向没有银行账户的人提供金融服务，减少个人和小企业的交易费用，并将使与跨境支付相关的问题成为过去[②]。由于有数十亿 Facebook 用户遍布全球并建立了通信渠道，该代币看上去很可能取得成功。

但是 Facebook 的公告没有受到热烈欢迎。来自欧洲、中国、美国和其他国家的监管机构立即提出了反对意见，包括对洗钱、客户保护，以及像 Facebook 这样的科技公司管理这一基于金融的大规模业务的可信度（甚至能力）的担忧。一些人从字里行间推测政府的意图甚至更广泛：会不会是央行行长和政治家担心 Libra 会蚕食美元和其他法定货币的主导地位？

我最初倾向于认为 Facebook 在做别人已经做过的事情。它模仿了泰达币、USDCoin 和市场上其他稳定币一年多来一直在做的事情。在做了更多的研究后，我意识到事实并非如此。Facebook 没有将 Libra 的价值与某一种货币（如美元）挂钩，而是与一篮子金融工具挂钩，这些金融工具可以用多种不同的货币计价。这给 Facebook、它的用户以及很可能整个社会带来各种各样的问题。

为什么呢？一般来说，对货币的主要要求之一是拥有三个关键特征：交换手段、价值贮藏和计价单位。Libra 无疑满足前两个。但至于第三个，Libra 不是计价单位。还记得本杰明·富兰克林说过的关于死亡和税收的话吗？不管你是谁，也不管你如何做生意，你最终都要住在一个国家并在那里做生意，这就

---

① Libra. "Network of Partners". Partners. Accessed April 1，2020.

② Rajarshi Mitra，"What is Facebook Libra Cryptocurrency? [The Most Comprehensive Guide]- Part 1"，Blockgeeks，accessed April 2，2020.

意味着政府要向你征税。Libra 的问题是，它的价值会随着与它挂钩的资产——流动中货币、债券和其他可交易证券——的价值波动而波动。

例如：

布伦达花 106 美元买了 100 个 Libra。

四天后，布伦达去了西雅图她最喜欢的餐馆并消费了 100 个 Libra。然而，Libra 的价值在市场上已经发生了变化，100 个 Libra 现在值 108 美元。

在这个例子中，税务代理人可以很容易地确定布伦达在 Libra 的"投资"获利 2 美元。到了纳税日，税务代理人将会收取她的那部分利润。你可以很快看到这对任何使用 Libra 的人来说是如何产生问题的。如果你在 2009 年用 10 万美元购买了亚马逊的股票，然后用这些股票作为支付手段，换取十年后价值 200 万美元的房子，这种情况难道不可能发生？Libra 很可能会给任何接触它的人带来一场会计、报告和税务的噩梦。

此外，通过维护一个用于满足 Libra 赎回请求的多样资产池，Facebook 将有效运行货币市场基金。基金需要在美国证券交易委员会注册并满足 AML 以及 KYC 规则（稍后将详细介绍）。最令人不安的是，在类似于 2008 年的市场恐慌期间，许多货币市场基金无法满足赎回请求。危机期间的 Facebook 很可能也会发生同样状况。如果出现这种情况，美国联邦政府或许还有其他国家的政府将不得不介入，为货币市场基金提供担保。这意味着纳税人，或者更广泛层面上的整个社会，将会陷入困境。因此，Facebook 可能不得不被当作一家银行来对待，并受到类似监管。政治家们的担忧似乎确实有些道理，在 Libra 能够像 Facebook 最初设想的那样发展之前，必须解决一些问题。

这个故事带来的真正好消息是，当 Libra 签约 MasterCard（万事达卡）、Visa（维萨）和其他支付领域的公司时，它为区块链在数字支付中的使用提供了重要的可信度。它使媒体、个人甚至主要国家的最高权力机构对数字货币和支付处理进行了大讨论。是否、如何以及何时，Facebook 正式推出 Libra 仍然悬而未决[①]。Libra 背后的想法和理论基本上是合理的。然而，在货币能够通过监管审查并繁荣发展之前，必须改变货币的运行机制。无论如何，稳定币作为一个整体在资产和使用方面都在增长，这一趋势很可能会持续下去。

其他大牌赞助商正在考虑进军区块链支付领域。美国最大的零售商沃尔玛已经申请了一项以区块链为基础的数字货币专利。从新闻头条来看，沃尔玛似乎已经接受了数字货币背后的理念，并意识到使用数字货币可能节省巨大的开支（它和它的客户将从中受益）。沃尔玛的产品也可以在选定的零售商或合作伙

---

① Daniel Roberts, "Facebook's Cryptocurrency Libra Aims to 'Put the Currency Back in Cryptocurrency'", Yahoo!, June 19, 2019.

伴处作为支付手段。在这种情况下，美元将是唯一的基础货币，并将消除 Libra 带来的许多麻烦[①]。

　　这些例子提供了明确的证据，表明更广泛的市场正朝着更大程度上接受数字资产的方向发展。这是整个社会更广泛地接纳这项技术的必经之路。

4.3　资产支持代币

　　资产支持代币构成了对商品、艺术品、不动产或基础设施项目等现实世界资产的经济权利。作为代币价值基础的资产本身由托管人或推广代币的主体以信托形式持有。代币合约可能提供也可能不提供允许持有人实际交付基础资产的赎回功能。

　　商品代币提供商品资产所有权的数字化证明，如基本金属或贵金属、农产品或石油产品。与稳定币一样，发行的每一枚代币都和保管银行持有的相应商品以固定比率挂钩。对于那些寻求直接投资大宗商品或作为安全资本储备的人来说，可能是不错的选择。这些工具之所以受欢迎，是因为它们提供了一种简单的方式来获得像银或石油这样的物品，而不必处理实物商品的运输、储存或保险等烦琐的问题。投资者通常将按比例承担运输中所有参与者产生的总费用。通常，独立审计员会对基础商品的数量、质量和位置进行检查。商品代币的发行和兑换很可能遵循与上述数字货币类似的程序。

案例研究：英国皇家造币厂

　　英国皇家造币厂成立于 1100 多年前，为英国和其他 60 个国家生产硬币和奖章。英国皇家造币厂还在其高度安全的"金库"设施中保有贵金属。

　　具有千年历史的英国皇家造币厂对尖端技术很感兴趣，利用分布式账本技术创造了一种新的创新产品，允许投资者直接拥有实物金条。黄金以完全分配、独立的伦敦金银市场协会（London Bullion Market Association）金条的形式存放在其安全存储设施中。英国皇家造币厂现在通过区块链上的代币提供这些黄金的所有权。英国皇家造币厂称这种代币化的证券为"RMG"，每单位代币代表一克真金的所有权。

　　RMG 代币的有趣之处在于，它不存在与持有黄金相关的持续的管理费或存储成本，代币由黄金领域久经考验的知名公司发行。这些代币为投资和交易

---

　　① Ron Shevlin，"Why Does Walmart Want a Cryptocurrency"，Forbes，August 5，2019.

黄金提供了一种安全、灵活且经济高效的方式。分布式账本将允许英国皇家造币厂准确知道谁拥有它保管的黄金。代币持有者享有实时定价和全天候在二级市场交易的优势[①]。

案例研究：圣里吉斯阿斯彭度假村

在商业地产领域，我们开始看到代币化被用于项目融资。圣里吉斯阿斯彭度假村是一个位于科罗拉多州的山地滑雪胜地。该度假村大约有 180 间客房和 20 多处私人住宅。酒店是国际知名的滑雪胜地，以豪华和优质服务而闻名。

控制和管理圣里吉斯阿斯彭度假村的公司找到了一种新的方式，通过发行符合美国证券交易委员会法规的证券型代币为度假村项目筹集资金。该公司决定采用数字化股票份额，而非老式的、用途不太广泛的纸质股票。这些代币为投资者提供了一种持有科罗拉多州标志性房产股份的方式。

以一美元价格卖出的代币是通过一个称为"数字代币"的选项来分配的。该地产本身，即圣里吉斯阿斯彭度假村，被出售给一家经营性合伙企业，发行的代币代表了该伙企业的所有权。价值超过 1800 万美元的代币被出售给机构和合格投资者，占交易权益部分的 19%。最低购买量为 10 000 代币。这笔交易是由一家名为 Elevated Returns 的公司组织的。

项目的开发商希望建立一个投资机制，将酒店作为单一资产出售给房地产投资信托基金。这一类型的 IPO 被誉为美国首次。由于仅 2000 万美元的发行价无法通过传统的 IPO 发行途径上市，发行人决定使用代币化方式将资产公开上市。他们看到了区块链和数字证券的发展方向，并意识到了这条创新之路的种种好处。这笔交易必然会被视为未来房地产交易如何通过证券型代币融资的全新蓝图。

Elevated Returns 公司总裁史蒂芬·德·贝茨对阿斯彭数字（Aspen Digital）评论道："这是一个令人惊艳的工具，因为所有的安全规定实际上都嵌入了合同本身。它的交易成本更低、速度更快，还可以在全球多个交易所进行交易。"[②]

[①] Royal Mint, "Physical Gold Digitally Traded", accessed April 2, 2020.

[②] Tim Fries, "Aspencoin Transitions to Securitize After Raising $18 Million in Security Token Offering", The Tokenist, September 15, 2019, https://thetokenist.io/aspencoin-transitions-to-securitize-after-raising-18-million-in-security-token-offering/.

4.4　固定收益证券、股票和基金代币

债券型代币——这些代币与债务工具挂钩，构成对其收入流和本金支付的债权。由于固定收益证券工具的条款通常没有股票或衍生品的条款复杂，通过使用智能合同，类似债券的代币相对更容易实现自动化操作。它们的结构可以设定，以消除对中介和注册管理机构的需求。代币化有助于减少结算时间和运营风险。

案例研究：IBM 的区块链加速器

IBM 正在寻求建立世界上第一个使用区块链技术的债券发行平台。公司债券市场规模超过 80 万亿美元，通常包括私募发行的固定收益证券。在当前的基础设施下，这些工具可能很难追踪、定价和交易。借助新的分布式账本技术，IBM 希望提供现代化方法来简化这种重要的融资形式[①]！

案例研究：世界银行的区块链债券 Bond-i

2019 年 8 月，世界银行发行了 5000 万澳元的一年期债券。这一全球性组织与澳大利亚联邦银行、加拿大皇家银行和多伦多道明银行合作，创造了这一新产品。区块链债券是世界银行战略重点的一部分，旨在培育对客户有益的颠覆性技术。世界银行将区块链视为简化其融资和证券交易流程的一种创新方式。分布式账本技术也将帮助其减少监管漏洞。

这次筹款活动标志着世界银行首次利用区块链平台。展望未来，世界银行计划以这种方式发行更多债券。分布式账本技术将用于所有新债券的创建、分配、转移和周转期管理，从而创造一个方便易行的解决方案来提高运营效率。

"澳大利亚联邦银行现在从使用区块链技术的首次债券发行以及随后通过同一平台进行的债券管理、二次交易和国库券发行中获得了确凿的证据，证明相对现有市场基础设施来说，区块链技术可以将效率、透明度和风险管理能力提升到一个新的水平。下一步，我们计划采取更多措施，以提高结算、托管和合规方面的效率。"

——索菲·吉尔德，澳大利亚联邦银行区块链和人工智能主管[②]

[①] Rebecca Campbell，"Securitize to Join IBM's Blockchain Accelerator to Modernize $82T Corporate Debt Market"，January 21，2019.

[②] "World Bank Issues Second Tranche of Blockchain Bond Via Bond-i"，Press Release，The World Bank，August 16，2019，https://www.worldbank.org/en/news/press-release/2019/08/16/world-bank-issues-second-tranche-of-blockchain-bond-via-bond-i.

　　股票型代币——这种情况下的证券发行就像基于区块链的股票一样。这些代币提供了类似所有权的功能,可以授予投资者公司或有限合伙企业等实体的股份。根据具体的交易,股票型代币可以提供股息、红利或实体中的其他利益。代币可以使其持有者享有投票权和其他权利。

　　收入分成代币可能属于这一类。收入分成协议是一种合同激励措施,它为各方提供了一部分明确定义的收入流。例如,如果一家餐馆是基于房东出租的房产经营的,那么通过收入分成协议房东可以获得总收入的 6%。那些依赖版税、矿产权、房地产合同或关键员工薪酬协议来获得收入分成的企业,已经转向证券型代币,以创建一个更天衣无缝的解决方案来处理现金流。智能合同的使用使得证券型代币非常适用于这种分成安排。不过,虽然收入分成协议通常区分债务或股权,但仍然提供了对实体总收入一定份额的索取权。

4.5　行业趋势:证券型代币另类融资

　　区块链最令人感兴趣的趋势之一是另类融资。代币化为创造更复杂的产品和创新途径提供了潜力。与传统的所有权形式相比,代币具有更高的灵活性和透明度,非常适合创造和开发令人兴奋的新投资产品。

4.5.1　DREAM Fan Shares

　　体育界对数字空间并不陌生。早在 2014 年,NBA 的萨克拉门托国王队就开始接受比特币作为门票和商品的支付方式了。国王队不是唯一一参加的体育俱乐部,以下是其他希望加入区块链浪潮的队伍和运动员。

　　1. 像尤文图斯、巴黎圣日耳曼、西汉姆和罗马这样的欧洲足球俱乐部正在利用区块链帮助球迷与他们最喜欢的球员接触。

　　2. 梅西曾担任加密货币和区块链项目的发言人。

　　3. 迈阿密海豚队已经将莱特币指定为他们的官方团队加密货币。

　　这些与粉丝的数字化互动很可能会导致更多人使用区块链[1]!

　　这里有另一个新的有趣的想法——想帮助你最喜欢的职业运动员开始他们的场外创业生涯吗? DREAM Fan Shares 开发了一个平台,支持发行代币化证券,以利用运动员、艺术家和公众人物的收入流获取利益[2]。2019 年 10 月,NBA 球员

---

　　① Gareth Jenkinson, "Tokenizing Sports – How the Industry is Incorporating Crypto", Cointelegraph, July 28, 2019, https://cointelegraph.com/news/tokenizing-sports-how-the-industry-is-incorporating-crypto/amp.

　　② DREAM Fan Shares LLC. "Fan Shares". About Us. Accessed April 1, 2020.

斯宾塞·丁维迪宣布，他打算发行价值高达 1350 万美元的债券，并将其转化为可交易的数字资产。这位布鲁克林篮网队的后卫签下了一份为期三年、价值 3400 万美元的合同，并寻求投资者，以便根据他偿还这些票据的能力提前向他支付现金。投资者每月可获得 5%的利息。这一安排标志着有史以来第一个职业运动员投资代币（Professional Athlete Investment Token，PAInT）。

　　PAInTs 托管于以太坊区块链，Paxos 信托机构管理其 PAX 稳定币产生的所有现金流。投资只对"合格投资者"开放，有一年锁定期，并代表着投资价值的一般义务。投资者期望在丁维迪从 NBA 和其他活动中获得收益时，从他那里获得类似债券的支付[1]。发行由职业运动员的经济收入支持的证券型代币提供了一种将收入来源货币化的创新方式。

4.5.2　FAT Brands 特许收入债券

　　总部位于加州的 FAT Brands 是连锁餐厅 Fat Burger、Bonanza 牛排馆和 Ponderosa 牛排馆的母公司。2020 年 3 月，该公司通过在以太坊区块链的两次债券发行发售了价值近 4000 万美元的代币。该公司股票在纳斯达克市场交易。因此，该公司本可以利用传统的信贷市场获得资金，但却将代币视为获得资本的更好方式。该公司计划利用其从全球 380 家加盟商那里获得的收入来支持新发行债券的价值。FAT Brands 认为，通过对其债务进行代币化，投资者将有一项更好的机制来了解公司情况。此次发行预计将为该公司节省近 200 万美元的年度利息支出。

　　"数字资产是所有权的数字化反映，并为每个结构化票据的股权结构表提供了一定程度的透明度，包括每个投资者的投资金额。"

——安迪·威德霍恩，FAT Brands 首席执行官[2]

　　DBRS 晨星信用评级公司审查了 FAT Brands 交易的信誉，从而对这一交易给予了更多的信任。区块链考虑到了一些重要的特征，这些特征使得代币的相关现金流（特许权使用费、外部方费用、管理费和其他费用）具有可观测性。因此，与业务各个方面相关的资金可以很容易地实现实时监控和评估。据一位帮助设计产品的顾问说："你会看到钱什么时候进来，什么时候出去，以及整个系统是如何运作的。这绝对是第一个具有数字资产元素的证券评级，我们正在以其希望的方式使用它——提供上述水平的透明度。"FAT Brands 代币债券发行成为财务融资在区块链领域的分水岭！

---

　　[1] Michael McCann，"Spencer Dinwiddie and Reimagining the NBA with Tokenized Contracts"，Sports Illustrated，November 5，2019，https://www.si.com/nba/2019/11/05/spencer-dinwiddie-nets-tokenized-contracts.

　　[2] Benjamin Pirus，"Fatburger and Others Feed $30 Million into Ethereum for New Bond Offering"，Forbes，Octiber 9，2019.

"区块链以连续的方式数字化地记录信息,并使用分布式账本技术存储数据。分布式账本技术对信息存储进行了分散和加密,使得第三方很难进行操纵,这最终降低了欺诈的可能性。"

——节选自 DBRS 晨星的预售报告[①]

基金所有权代币——这些代币为持有人提供了基金份额的所有权。每个代币代表该基金特定数额的权利或百分比。虽然利润和分配的确切条款将由基金的投资者条款决定,但这些代币的持有者可以在受到限制的情况下交易他们所持股份的所有权。通过对基金进行代币化,基础投资可以筹集资本,并且不会在最适宜的时间之前被赎回——同时,投资者可以通过选择向其他投资者出售资产而获取流动性。

4.6 行业趋势:释放私募基金流动性

2019 年 9 月,美国柯荣资本(iCap Equity)与证券型代币发行平台提供商 Harbor 合作,以增强四家房地产企业的流动性。这些基金有 1100 多名投资者,他们为美国西北太平洋地区的房地产开发分配了超过 1 亿美元的资产。投资组合包括多户住宅、混合用途住宅、单户住宅、轻型商业和共管住宅。

在代币化之前,柯荣资本的基金已经到期。当时,一些投资者希望套现,而另一些投资者对自己的回报感到满意,希望在基金中保持更长时间的投资。通过选择使用证券型代币,柯荣资本能够增强投资者选择的流动性,并减少当投资者希望交易时出现的大幅折价。代币合约还允许在后台实施合规性条例和所有权记录的安全转移。这个例子表明,在私募股权基金领域使用证券型代币可以增加投资的价值和灵活性。通过使用区块链技术,私募股权投资可能会被解禁,从而为许多人提供了一个可行的投资选择,可能导致投资者更多地将资金分配给这种私募股权投资方式。

"在另类资产中提供更多流动性的技术可能是变革性的。"

——迈克尔·布拉德利,Bradley Wealth 公司首席执行官[②]

"柯荣资本正在为房地产投资基金开创一种更高效、更具流动性的模式,可以在不锁定投资者的情况下锁定资本。"

——约什·斯坦,Harbor 公司首席执行官[②]

4.7 员工股票期权

另一个突出证券型代币的灵活性和不可思议的可能性的激动人心的例子是员

---

① Michael del Castillo,"Morningstar Rates First Ethereum Security in $40 Million Fatburger Deal",March 8,2020.

② "iCap Equity Unlocks Liquidity for over $100M in Real Estate Debt Funds using Blockchain-Enabled Harbor Platform",Press Release,PRNewswire,September 16,2019.

工股票期权计划代币。初创企业、私营企业和上市公司可以提供代币作为管理传统股票期权计划的有效方式。

通过将股票期权流程数字化，公司将有更好的方法来提高员工的绩效，并提高员工与公司共同成长的积极性。由于证券型代币提供了自我维护的股权结构表和无缝报告，它们减少了管理人员在记录保存和记账方面的负担。通过计算机软件编程，企业能够处理通常意义上非常复杂和耗时的工作。

这个过程不仅有利于雇主，也有利于雇员，而且有可能创造流动性机遇。股票期权通常很难交易，通常情况下，为了行权或将其货币化，必须发生收购或其他控制权变更等事件。有了股票期权计划代币，股票期权的买卖或兑现会变得非常容易。

案例研究：富达应用技术投资中心

富达投资发行了 BBT 代币，作为一种激励员工出色表现和出席公司活动的方式。这些代币仅适用于富达员工，并且是闭环奖励系统的一部分。富达与总部位于旧金山的 TokenSoft 合作，使用 ERC-1404 标准部署 BBT 代币。富达致力于通过代币奖励员工，但这也说明了他们承诺让员工了解数字资产是如何工作的。

"对于员工来说，这是受限代币的真实使用案例，让他们有机会获得使用代币、钱包和其他区块链技术的实际体验，以了解如何在其他领域应用。"

——朱里·布洛维克，富达应用技术投资中心区块链产品经理[①]

"我们的目标是让投资者更容易获得比特币等数字原生资产。"

——阿比盖尔·约翰逊，富达投资首席执行官[①]

4.8　本章小结

1. 稳定币是一种加密货币，旨在降低波动性，因为其价格通常与一种既定的"稳定"资产或一篮子资产挂钩。随着代表法定货币的稳定货币越来越受欢迎，用户将能够持有欧元、英镑、港元、日元及理论上任何其他货币的数字形式。

2. 与资产挂钩的代币构成了对商品、艺术品、不动产或基础设施项目等现实世界资产的经济权利。作为代币基础的资产可以由保管人、推广代币的主体或以信托的形式持有。

3. 还可以创建代币来代表债券、股票、基金以及一系列其他资产类别的所有权。

---

① Elliot Hill, "Fidelity Creates Blockchain Token to Reward Employees", Novem- ber 29, 2019.

第5章 证券型代币大规模干扰和改善市场

1. 全球有数万亿美元的资产缺乏流动性——通过使用新的区块链技术，这些资金就能被加以利用。

2. 证券型代币为其发行人和投资者创造了更好的交易解决方案。

3. 数字化将使更高的经济增长、更广泛的投资者群体和更有效的资本形成成为可能。

4. 证券型代币将有助于创造新的投资类别、新的商业模式和更复杂的金融产品。

5.1 区块链技术带来的重大改进

"区块链技术不仅仅是一种更有效的证券结算方式，它将从根本上改变市场结构，甚至可能改变互联网本身的架构。"

——阿比盖尔·约翰逊，富达投资首席执行官[1]

凭证化是金融市场的下一个主要创新浪潮，这是因为这项技术将促进交易并创造证券型代币。这一新阶段将为前沿机会开辟道路，以更快的速度和更低的价格从新来源获得资金，这将使企业、企业家和普通人创造并获得从未实现过的投资。

根据 Savills（第一太平戴维斯）和 McKinsey（麦肯锡）的一项研究，由于传统的市场基础设施，全球大约 60%的资产难以有效利用。该研究指出："信息不对称、高成本和大额票面阻碍了许多投资者的投资[2]。"证券型代币允许新的投资想法，这些想法甚至可能从未被视为证券。数字技术将使投资领域能够实施大胆的新想法，这将使全球投资者为之惊讶并激发他们的想象力。通过使用区块链技术和证券型代币，社会将发生以下形式的重大改变：①经济增长的新机遇；②更广泛的投资者群体；③更有效的资本形成。

让我们更详细地看看这三种改进。

---

[1] Melanie Curtin, "The Big Thing Blockchain Needs that No One's Talking About", Inc., September 15, 2018, https://www.inc.com/melanie-curtin/the-problem-with-blockchain-that-no-ones-talking-about.html.

[2] BlockState. "Smart Asset Financing". Accessed April 1, 2020.

5.1.1　经济增长的新机遇

据统计，全球有数万亿美元的资产缺乏流动性——通过使用新的区块链技术，这些资金就能被加以利用①。证券型代币提供了一系列可供企业利用的新功能。证券型代币可以通过以下方式提供资金。

1. 新的投资类别

证券型代币最具颠覆性的特性可能在于其创造各种新型可交易资产的潜力。证券型代币可以代表的资产范围是巨大的，代币化将容许社会投资的类型和特定资产的数量急剧扩大。通过代币化，有形和无形资产将在市场上更有效地买卖，包括艺术品、音乐或视频版税、碳信用、体育特许经营权、个人房产等。在将来，可能你更能买得起并且更容易地拥有你最喜欢的运动队的一张照片，一幅毕加索的原作或者 Bob Marley（鲍勃·马利）的音乐商业版权。这些可能性并不遥远！

数字代币系统将使市场能够形成各种新型证券（图 5.1）。过去，低效率和高成本结构导致一些资产无法持续细分。围绕这些资产的复杂法律问题很难处理，但智能合同提供了一种表示其所有权的方式和一种跟踪和分配其经济收益的机制。证券型代币还使这些资产能够以更具成本效益的方式被细分并组合给投资者。

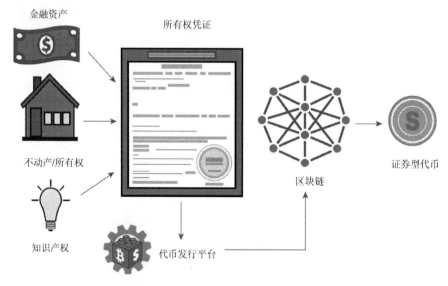

图 5.1　资产代币化

---

① Alec Ziupsnys，"How $544 Trillion Worth of Assets Could Become Tokenized"，The Tokenist，September 15，2019，https://thetokenist.io/how-544-trillion-worth-of-assets-could-become-tokenized/.

2. 新的商业模式

许多新的商业模式将被开发出来，以服务并利用证券型代币。由于数字包装器提供了额外的功能，围绕资产及其所有权的设计可以达到新的水平。这些突破扩大了金融和商业领域创新机会。随着越来越多的资产代币化，全球贸易和通信将变得越来越简单。由于证券型代币采用数字格式，可以将各种数据添加到其中。比如，我们可以将评论、视频、图像和法律文件等信息添加或嵌入到每个代币中。

从这个角度来看，选择的广度会迅速扩大。代币化功能将大大扩展，远远超过现在的能力，而且可能会比我们今天所能想象的走得更远！

如果证券型代币容许我们将逻辑嵌入所有权本身，我们就不得不问这样一个问题："我们还能做什么？"随着证券型代币的持续发展，我们可能会看到它的功能被提升到一个新的水平，并受到富有想象力的个人的青睐。

数字化提供了一种能力，使基础投资和所有权更紧密地联系在一起。让我们举个例子说明。

假设今天你可以投资控制万豪酒店。在拥有万豪股份后，你有权：①享受酒店房间的折扣，②进入贵宾休息室，③在万豪餐厅免费用餐，该怎么选呢？如果你有超过 10 年的投资经验，那么可能选择①吗？如果你拥有价值超过 10 万美元的股票，会选择②吗？如果你推荐朋友买股票，会选择③吗？从理论上讲，与当前的金融体制相比，证券型代币以更便宜、更及时、更有效的方式实现了这一切。

3. 更复杂的产品

一些投资者正在寻找比从今天的市场上可能获得的产品更复杂的产品。代币为股票本身的结构、设计和战略制定方面提供了更强的灵活性。随着智能合同和数字产品的使用，我们有可能创造出各种各样的情境，从而构建出多元化、复合型的金融产品。编码将容许建立处理诸如合同违约、信用执行和法律纠纷等问题的机制。

代币可以用来代替金融衍生品、保险合同、众筹协议，甚至用来处理多因子的组合。现今，最常用的使用证券型代币的产品之一是以收入分成合同的形式出现的。依赖于特许权使用费、矿业权、房地产合同或关键员工薪酬协议的收入分成的企业已经转向证券型代币，以创建一个更无缝的解决方案来处理现金流。

5.1.2　更广泛的投资者群体

证券型代币的优势之一是它们能够直接接触到个人投资者和机构投资者。发起人和投资者可以以远比现在我们现行制度下更快的速度联系到对方。总有一天，证券型代币将在全球进行交易，这将使任何人都得以访问互联网并且可以得到在适当的监管限制内参与一系列新经济的机会。如今，存在许多障碍阻止了这种模式有效和及时地运作。

证券型代币的去中心化交易结构将使市场向尽可能广泛的全球资本池开放，这将创造新的投资机会，减少筹资、投资和价值转移方面的资本摩擦。

1. 新的投资者

证券型代币的使用创造了更大投资基础的潜力。很快，任何拥有互联网连接的人都可以进行投资，这为资产估值的提高创造了机会，也为人们提供了分散投资的选择。

过去，高价资产通常只提供给少数高净值投资者。那些曾经只在发展初期展示给风险投资集团或私募股权公司的项目，现在很可能通过众筹或互联网上的其他方式获得。这将给任何有兴趣的人一个抓住他们感兴趣的投资机会的契机，并且提供了创造巨大价值的可能性。

证券型代币还可以将新的个体引入投资世界。从未参与过资本市场的人将不再受到没有电脑或股票经纪账户等因素的困扰。在新兴市场和欠发达国家，许多人只要拥有移动设备就能获得授权。这种新的覆盖范围可能有助于减轻世界各地的贫困并且提高储蓄率。

2. 新的地域

如今的投资机会缺乏全球化股东基础。作为一名以国际市场为重点、以美国投资者为目标的共同基金策略的投资组合经理，我可以根据多年的经验直接告诉你，一些美国人在海外的投资是如此之少，生活在美国以外的人也是如此。这种不愿在世界其他地区投资的态度通常被称为"母国偏见"。一些研究表明，除非一个人拥有大量的现金资产，否则他或她将资金投向本国以外的能力将受到限制。从这个角度来看，证券型代币是游戏规则的改变者。

证券型代币运作的标准将变得更加统一，这样跨地区投资将变得更加容易，投资者将能够在全球购买和交易代币。可以编写代码以符合跨境监管标准。假设一位荷兰买家与一位美国卖家交易。证券型代币的嵌入式合规协议可以确保购买者遵守荷兰规定的规则，而卖方遵守美国规定的规则。如果在此期间出现任何问题，或者某种规则不能被批准，则区块链将不容许交易发生。证券发行者将很乐意拓宽他们的市场供给，从仅仅美国认可的投资者或合格的机构，拓展到潜在的世界各地的每个人！

最重要的是，让人们只在自己的国家或居住地附近地区投资的偏见，可能会造成严重的资产定价错误。证券型代币将实现更好的自由市场机制，从而可能导致全球资产价值有意义的变化和均衡。资本应该能够更自由地流动，因此资产应该更好地反映它们的真实价值。

3. 新的关联方式

随着数字身份的出现以及移动设备和移动应用程序的广泛使用，证券可以在任何人的指尖以一种兼容友好的方式进行交易。不但投资者可以进行证券交易，发行人可以扩大他们的业务范围，而且，全球范围内的沟通能力也将得到加强并可能在一秒钟内实现。

发行者将与他们的最终投资者有更直接的沟通渠道。所有者的名单和各自持有的股份将精确到分钟。由于所有权明确，典型的投资者关系材料，如年度报告、管理层致股东的信函、纳税表格或监管文件，可以迅速且容易地传播。代币所有者把他们的数字身份与他们的账户关联起来，这将提供信息发送的正确途径。

5.1.3 更有效的资本形成

证券型代币将促进项目资本的形成。通过简化流动性的释放方式，项目资金的不确定性减少了，从而降低了资金成本。最重要的是，证券型代币容许在发行时以及在二级市场的后续交易中剥离某些成本。选择数字化产品的项目和基金将在市场中脱颖而出。以下是资本市场使用证券型代币后变得更有效率的几个原因。

1. 废除中间商

在当今的金融世界，中间商在建立保障措施以确保遵守监管标准方面发挥了重要作用。但如果这些服务可以通过区块链自动化取代，它们的吸引力（和成本！）就会消失。证券型代币将有助于创建无摩擦的流程，最终客户将为他们的投资支付更少的费用。

嵌入在证券中的智能合同将减少证券发行、转让和维护过程中的文书工作，降低复杂性。由于这些技术加快了执行时间，投资的吸引力不可避免地增加。

2. 在生命周期内维护证券的成本较低

对证券发行者来说，长期管理证券是艰巨而富有挑战性的。证券型代币化能缓解其中一些问题，是一个受欢迎的改进。

新证券的发行人会发现，使用证券型代币来管理公司的资本结构要容易得多。资本构成表，或股权结构表，是一种提供对公司所有权股份分析的登记表。公司通常会在不同的阶段筹集资金——会从初始投资者、天使投资者和风险投资家开始，投资银行家通常会在公司从初创实体走向成熟之后介入。在此过程中，管理层可能需要达成涉及股权稀释、员工股票期权、权证或其他创造性融资技术的交易。经过几轮融资后，股权结构表可能会变得相当复杂。

证券型代币使得过程更加简单。当产品实现数字化时，股权结构表的所有输入都是自动化的并能以电子方式追踪，因此围绕所有权的记录保存任务被简化了。这将使管理层能够非常准确地了解谁实际拥有他们公司的股份，以及在股权稀释的基础下公司的表现。分布式账本技术将自动实时更新这些信息，并防止错误的发生。这将使更好的决策制定和更快捷、更低成本的公司证券活动成为可能。

证券型代币还为股东提供更高效和透明的分配支付方式。在如今的市场上，股息支付和偿债支付的成本是巨大的，并且当区块链解决方案存在更好的选择时，变得有些不理性。当证券型代币可以以很低的价格为您提供服务时，为什么还要继续邮寄支票或支付第三方金融服务机构来完成工作呢？支付给股东的金额低于支付成本的情况并不少见。假设你有一个持有公司约 100 美元价值股票的股东，每个季度支付给他的股息是 25 美分。一个信封和一张邮票可能比他最终收到的东西更值钱。如果只是为了节约成本，用稳定币进行电子支付肯定是更好的方式！通过所有权的数字化，各方之间的资产转移变得和发送电子邮件一样简单。

3. 更好的治理潜力

投资者通常会选择在治理和透明度最好的地方投资。对投资者来说，听说治理良好和目睹治理良好是两码事。证券型代币相关技术将容许投资界以比想象中更快、更便宜、更可靠的方式进行访问、测试和验证信息。

例如，智能合同可以用来持续监控一家公司的债务契约。大多数贷款机构要求借款人遵守某些必需的契约和财务条件，例如保持流动比率高于规定水平，或者不超过一定的借款限额。由于可以通过创建智能合同来防止或通知相关方此类上限被违反或接近违反，因此债权人可以收到债务人未遵守约定义务或接近违反约定上限的警告。还可以通过编写智能合同将资金转移到适当的托管账户，以确保在其他利益相关者收到同样的资金之前履行债务义务。

有了更好的治理潜力，用证券型代币融资的项目应该会促成更大的投资者基础，并享受更低的融资成本。

5.2　行业趋势：降低转账成本

根据世界银行的数据，2019 年，向低收入和中等收入国家汇款的国际市场规模达到约 5500 亿美元。汇款是指外国工人将钱转存给其国内的个人。这种交易通常发生在外国的工人将工资寄回给本国的家庭成员或其他重要的人时，这在美国、英国、中国香港和中东等地的外国工人中很常见。工人们多把钱寄到菲律宾、巴基斯坦、尼日利亚或墨西哥等国家。Western Union（西联汇款）、TransferWise、MoneyGram（速汇金）、Remitly 等公司可以协助这些跨境交易——但对转账消费者来说交易费用非常高。费用很容易超过转账金额的 10%；这会花掉员工一部分薪水，而且收发双方都要花费大量的时间。

通过使用基于区块链的移动应用程序，消费者可以在向海外亲人和家人汇款时找到更快捷、更低成本、更透明的解决方案。使用区块链，付款不需要通过中介就可以直接从一个人发送到另一个人。像 Abra 和 Bitspark 等公司只需几美分就可以完成转移支付。它们还为汇款接收者提供多个存取点，让他们在本国的自助服务机和零售网点提取现金。因此，区块链使工人们能够保留更多的辛苦赚来的钱。

"我们目前的金融体系主要依赖于由传统银行和其他金融机构支持的电汇。这是一个相当好的系统，但它有一个问题是办理交易需要时间。基于区块链的移动支付公司可以通过提供一个快速、廉价和安全的系统，将资金从世界的一个地方转移到另一个地方，从而超越传统的电汇公司。"

——凯文·兰兹，*Disruptor Daily* 创始人[1]

"移动设备的普及和电话密度的提高使得客户不仅可以在家门口，还可以在舒适的客厅里要求服务……区块链将引入一个去中心化的新时代，促进开放、去中心化和全球包容，这赋予我们前所未有的在社会中有效地创造和交易价值的能力。"

——塔里克·巴杰瓦，巴基斯坦国家银行行长[1]

汇款支付的案例彰显了区块链的速度之快和发展潜力。它展示了这项技术如何能迅速到达地球最远的角落，并影响到社会的各个层面。它见证了新业务是如何萌生的，以及如何撼动老牌中介公司的牢笼。它还验证了如何减少成本和交易时间。许多其他金融业务可能也会遭遇同样的命运。

5.3 代币化还是非代币化？

尽管几乎任何资产都有可能被代币化，但证券发行方需要自行决定是否通过选择提供证券型代币的方式来更好地满足需求。有些行业和资产类别的基本面本质上更适合使用区块链解决方案。最后，人们必然会问这样一个问题："我从代币化资产中真正得到了什么？成本是否大于收益？"

数字革命有潜力提高产品质量、降低成本并且提高效率。其中一些福利虽然现实，但目前还无法实现。所有证券型代币带来的游戏规则的改变，想要在市场

---

[1] Tim Moran，"Blockchain-based Mobile Payments Aim to Boost International Remittances"，American Express，Accessed April 1，2020.

上变得普遍可能还需要几年时间。因此，目前只有能够从代币化中获得最大收益的产品才会这么做。其他资产将等待技术和成本结构进一步改善。为了真正地让代币获得价值，必须使最终用户觉得他们正在从代币化平台获得从传统渠道无法获得的东西。

5.4　本章小结

1. 通过区块链技术和证券型代币，社会将看到重大利好。这包括经济增长的新机遇、更广泛的投资者群体和更有效的资本形成。

2. 全球有数万亿美元的资产需要流动性——可以利用新的区块链技术来开发这些资本。证券型代币提供了一个为其发行人和投资者创建更好的交易解决方案的选项。

3. 证券型代币将有助于创造新的投资类别、新的商业模式和更复杂的金融产品。

4. 代币将为某些项目拓宽投资者的地域和人口分布。

5. 代币化将降低在生命周期内维护证券的成本。代币增强了投资者改善公司管理和提高透明度的潜力。

6. 对于代币来说，要真正获得价值，最终用户必须觉得他们正在从代币化平台获得传统渠道无法获得的有价值的功能。

第二部分　创造数字包装器

第6章 证券型代币的关键特性

1. 证券型代币的设计应能应对在其整个生命周期中可能出现的问题。
2. 通过使用代币，可以更有效地落实 KYC 和 AML 规则。
3. 证券型代币可以为发行者和投资者降低长期成本。
4. 证券型代币提供了增强安全性和提高透明度的功能。

证券型代币正在金融行业引发轰动，因为这些代币结合了最新技术的精华和世界级别的投资者保护、监管合规和客户服务的潜力。为了提高用户体验和经济效益，证券型代币需要包含某些功能。本书的这一部分涵盖了证券型代币必要的构建模块。

6.1 安 全 管 理

安全管理有许多关键阶段和活动。为了确保金融市场中证券的安全性、稳健性并降低风险，代币应被设计为以稳健、有序和自动化方式应对管理方方面面的问题。

代币可以用来处理很多问题，比如，①发行和赎回；②证券转让；③风险抑制；④支付、拆分、投标或其他公司行为的利益分配；⑤关联方投票；⑥投资者联系和交流；⑦所得税代扣；⑧净资产值计算；⑨监管合规性和报告。

代币化具有自动化、标准化、简便化的特征，并为许多流程提供了更好的透明度，从而降低了发行人和投资者的风险。一种设计良好的证券型代币应该具有许多顺利处理这些管理任务的特性和能力。

6.2 合 规 性

世界各地的监管机构都要求证券发行者采取措施，确保在发行证券时遵守所有必要的法律和程序。制定保障措施是必要的，以确保证券及其所有者长期保持合规。这对发起人来说是一个负担，但幸运的是，协议可以嵌入到证券型代币中，以保持监管合规并避免非法活动。

无论对公开交易还是私下交易的资产来说，遵守证券法规都需要付出巨大的代价。政府实体要求证券发行人负责确保其资产符合法律规定。跨境结算处理、合格投资者验证、反洗钱规定和维护内部战略只是这些资产管理人员所面临责任的几个例子。幸运的是，证券型代币提供了使合规程序自动化执行的机制，减少了这些要求带来的负担，并使证券型代币对发行者和投资者都有吸引力。

无论何时发行新的代币，合规性流程都可以通过代币标准或智能合同直接嵌入证券本身，从而消除依赖传统纸质证券的市场可能经受的成本。通过自动化机制，每当代币转移到现有账户或从现有账户转出时，都会调用合规程序来确保交易在转手之前满足必要的要求。一系列的交易条件被监控，如果任何一个步骤失败，整个交易指令将不会上传到区块链上，因为系统会自动停止。这种自执行机制使人们能够很容易地确定参与交易的一方是否合规，或者是否需要更多的信息。这创造了一个结构化的、可扩展的解决方案，降低了费用，减少了完成有效交易所需的时间。

通过用代码代替中间商，证券发行人能够满足所有监管规则，政府干预的风险也或多或少地被消除。不良行为者将被排除在市场之外，交易将以确保合规的方式执行。通过消除不确定性，投资者将对他们购买的东西更有信心。

专注于合规性的公司可以随着监管规则的变化更新代币的程序，并且这些改进可以在无痕添加的同时投入使用。通过拥有与代币其他功能相配合的合规系统，证券将遵守所有相关法规和内部政策标准。

6.3　KYC & AML

就法规而言，发行人了解以下内容至关重要。

谁在购买资产？他们是如何得知这个项目的？他或她居住在哪个管辖区？他们什么时候购买的资产？

KYC 和 AML 是证券发行人需要考虑的两个最重要的监管方面。这两者都是法律要求的，是任何投资者从证券中获得经济利益的前提。

投资者希望以尽可能简单和无摩擦的方式完成这些准入流程。在今天的市场上，如果一个投资者想从多家公司购买资产，他将不得不一次又一次地提供必要的个人信息，因为每个供应商都必须经历自己的一系列准入调查。例如，如果有人想在汇丰银行和美国银行开立银行账户，在这两种情况下都必须完成实际上可能完全相同的文书工作。除此之外，两名独立的合规性审查官将审查相同的文件和信息，从而导致不必要的处理时间。这种情况可能会导致信息泄露，从而降低信息的安全性。

通过使用区块链和数字身份证明，市场现在有潜力改变这种过时的信息存储过程，以便使其与时俱进。证券型代币的用户将获得对其个人信息的更多控制，并通过自动化的标准进行验证。这将减轻我们已经习惯的许多证券管理负担。

通过使用基于区块链的协议来检查真实世界的身份，投资者可以快速、低成本地完成繁重的尽职调查。软件实时验证特定的钱包地址是否对应于特定的个人或实体，可以采取许多措施来寻找受制裁的个人或国家、外国所有权限制、投资者的最大数量、钱包的多样性以及其他因素。这很容易确定购买或出售证券型代币的一方是否合规，或者是否需要额外的筛选和信息。

6.4　会计计量和报告

数字平台允许自动生成报告和分析，并向股东和监管机构发布全面的财务报表。代币化还为更好地跟踪和审计创建了一套机制。通过数字化，系统的效率将明显高于目前的人工流程。这为用户节省了时间和金钱，同时提供了更好的问责机制。

证券发起人与代币生态系统中的服务提供商合作，以确保每次交易都以恰当的方式进行。这将使报告更具审计价值，并构建经过良好测试且能提供可靠输出的控制权。它还允许会计账项包含交易、分配和其他公司行为历史的丰富日志。

证券型代币还将改善项目的投资者关系。通过信息的电子化传播，只需点击一个按钮，所有利益相关者就可以立即获得信息。确认消息可以被发送回发行者，表明消息已经被接收和读取。分布式账本技术还将有助于对所有分配的税款和预扣税款进行适当的会计核算。昂贵的年会可能会被线上进行的投票和投资者反馈所取代。

6.5　安　全　机　制

1. 丢失或被盗的代币

如果有必要，证券型代币应该能够向其合法持有者重新发行代币。在很多情况下可能发生需要恢复或强制转移代币的情况。例如，如果代币持有者死亡，他的继承人会要求合法所有权。如果只是因为新的受益人没有正确的密码或证券型代币的访问权限，就没有理由让这些财富作废。其他考虑因素，如执法行动、制裁或执行法院判决，可能需要强制转让证券型代币。

加密货币是无记名资产，任何人都可以自由匿名地获得它们。但是，如果由于黑客攻击或无法访问钱包而丢失，密码将无法找回，投资者将遭受损失。另外，证券型代币是经过注册的，并让投资者拥有受法律保护的相关权利。只要投资者满足必要的法律要求，他就应该有权收回被错误地没收的代币。数字钱包提供商和发行平台可以根据条款和条件帮助丢失钱包密钥的投资者。

2. 监管环境的变化

如果区块链技术出现故障或某种监管性的关闭，代币发行商有能力将证券型代币恢复为纸质证券。重要的是要记住，区块链只是一个分类账簿，它记录了谁拥有一项资产，以及围绕这一所有权所记录的各种信息。所以，如果发生异常事件，你将始终都能知道它当前的以及其过去的所有者，这得益于区块链促进即时记录的能力。只要每个代币都与合规的数字身份证明正确链接，就没有理由担心证券型代币被盗用。

3. 代码审计

发行者、投资者和交易需要查看代币的编程代码，以验证其安全性和稳定性。代码审计人员将检查每一行计算机代码，旨在发现其是否存在错误、潜在安全漏洞或违反约定或协议之处。

代码审计是在发行代币之前减少错误的关键步骤。在审计期间，代币代码的每个重要组成部分都将被单独检查，也将在整个项目中被整体检查。如果检测到漏洞，可以在出现任何问题之前消除或降低其风险。

6.6　本　章　小　结

1. 证券型代币的设计应能应对在其整个生命周期中可能出现的问题，这包括在代币本身中嵌入相关特性来处理监管和合规性问题。

2. 通过使用代币，可以更有效地落实 KYC 和 AML 规则。

3. 通过包含某些功能，证券型代币可以降低发行者和投资者的长期成本。

4. 证券型代币增强了安全性，提高了透明度。

第7章 证券型代币生态系统

1. 金融生态系统已经建立起来以支持证券型代币的可持续使用。金融科技公司正致力于改善当今的金融基础设施。

2. 代币生态系统由三个主要元素组成：协议、发行平台和咨询服务。

3. 区块链必须具有高度的协作性才能实现效率最大化。

4. 代币堆栈是一系列相互关联的功能层集合，这些功能层最终定义了证券型代币的功能和行为元素。

7.1 金融科技公司

一群来自金融和科技领域的人才正致力于开发数字基础设施，这将主导未来的证券市场。随着证券型代币逐渐在市场受到青睐，一个清晰完备的生态系统开始形成，为数字证券的发行、交易、托管、合规等提供服务。

区块链现在已存续超过十多年并不断完善，以实现数字化、自动化，并提升效率。金融科技公司，一类新兴的创业公司，致力于简化我们与我们所拥有的金钱、资产和投资物的交互方式。这些公司改革金融市场的首选方法之一就是使用区块链技术。金融科技公司的工作人员投入了大量的时间和精力来实现金融市场的现代化，使金融市场以更好的方式运作。

开普勒金融（Kepler Finance）数据显示，目前已有 6 亿多美元投资于开发必要应用程序以使资产数字化成为主流的公司[①]。这笔资金用于开发和测试各种解决方案，从技术和监管角度来看，这些解决方案有助于证券型代币生态系统的发展和成熟。这些高科技公司正通过建立允许嵌入式监管并符合最新技术创新的平台来开辟出一条可持续的过渡路线，从而摆脱目前发行和交易证券所需的传统方法。

在为未来的证券市场奠定基础的过程中，智能合同需要一些第三方服务商来帮助访问数据、执行区块链不能完成的操作。代币生态系统由一系列服务提供商组成，这些服务提供商帮助受监管的数字资产正常运作。这包括协议、发行平台、流动性提供商，如交易所、托管人、转移代理和咨询服务机构。

---

① Kepler Finance，"Digital Securities Market Research 2019 by Kepler Finance"，Hacker Noon，February 4，2019，https://hackernoon.com/digital-securities-market-research-2019-by-kepler-finance-aab927734f80.

7.2　协　　议

前面我们讨论了协议如何在区块链运作中发挥重要作用。简言之，协议是电子通信的规则。协议应该是开放且易于理解的，基于此，它们才能成为促进创新和降低成本的有力工具。强大的协议是系统协作性的基础。

协作性是我们向证券型代币的世界迈进时可获得的最重要的好处之一。协作性是技术系统的一个特征，在这个系统中，所有的硬件和软件程序都可以很容易地交换信息并利用它们所接收到的数据。对于一个系统来说，协作性是至关重要的，只有可协作所有的程序才可以完整运行，而不会出现错误或中断。当系统具有协作性时，数据就实现了可移动，多个程序协同工作的好处也将实现。

以电话的工作原理为例。不管你的手机品牌是什么，也不管你打的是无线电话还是座机——只要你给某人打电话，那个人就能接收到你的信号并理解你发送的信息。反之亦然，你也能够理解别人发送给你的任何信息。你的手机可以与任何其他手机进行通话，而不需要通过定制或集成来实现这一点。你的手机可以与任何其他手机连接和互动，而不需要知道它们的任何其他细节。这就是通信网络的一个强大功能。

为了建立一个完美的数字安全生态系统，就必须将若干要素结合起来，为实现证券整个生命周期内管理安全提供服务，即为代币发行、合规、法律验证、托管、交易和其他重要操作提供全套的解决方案。代币必须被正确格式化才能实现跨系统网络工作。

随着众多金融科技公司致力于开发新技术，一个必须提出的问题是："这些公司是否正为提出实现可协作性的解决方案而一起努力？"只有解决了协作性问题，资产才能有效地在市场和持有者之间自由流动。只有这样，证券型代币才能为社会带来更多的好处。

7.2.1　代币标准

标准的创建和使用促进了协作性。标准定义了代币和代币运行平台的规则。标准包括相关协议规范和合同细则。一般的标准定义了特定函数的运行方式，并允许程序和智能合同以预期的方式进行交互。标准通常被用作既定准则，或者作为可重复的技术任务要求。区块链标准是围绕如何处理数字身份、智能合同执行、代币设计、经常性交易以及其他重要流程而编写的。

金融科技公司的开发人员和技术人员试图建立共同的标准，而不是每个人都重造轮子，这创造了一种网络效应，使得使用它可以吸引更多的用户，从而获得更大的经济效益。因此，代码经常在区块链社区内免费共享，以此来实现在多个产品中使用相同的方法，从而促进协作性。

随着所涉及的问题越来越多，合作可能会变得更加困难。也正是在此时，标准的制定变得更复杂却也更加必要。通过创建一系列通用的标准和协议，区块链程序得以扩展。

虽然我们将在另一章讨论监管问题，但必须指出的是，实现公认标准和协作性的最大障碍之一是法律和合规要求的复杂性，这些在业界尚未明确界定。监管方面的问题往往归结为人和团体达成妥协或找到共同点。通常，促成人们之间的合作比促成机器的合作要难得多。这就是为什么可能还需要几年的时间才能实现证券型代币的所有好处。

7.2.2　以太坊 ERC 标准

迄今为止，许多金融科技公司都被以太坊区块链所吸引，旨在根据 ERC（Ethereum Request for Comment，以太坊征求意见稿）标准塑造数字证券的架构。以太坊区块链包含用于管理平台运行的代币的 ERC 标准。ERC 标准允许任何人运行程序，并使构建新程序更为容易。开发者不必从头开始构建新的软件，也不必用任何特定的编程语言来编写代码。使用 ERC，可以创建更加友好的用户界面，使得在智能合约上连接向导或数据库更为容易。这为以太坊提供了巨大的灵活性，这也就是为什么许多咨询服务选择使用这种特殊的区块链来发行证券型代币。

以太坊已经有了一些基本的标准，并且更多的 ERC 正被提出。以太坊社区正在详细审查相关文档，文档详细说明了这些建议标准将实现什么以及如何实施。在此之后，社区可以决定是否接受这些标准作为一般准则。随着越来越多的标准被接纳为协议，证券型代币实现合规和协作性的可能得以保证，这些标准背后的指导思想也适用于其他区块链。

以太坊是当下最成熟的证券型代币区块链。以太坊安全且经过考验的智能合同处理机制及 ERC 标准使其成为发行数字产品的首选场所。不过，随着时间的推移，诸如 Tezos（泰佐斯）、Algorand（阿尔戈兰德）、Hyperledger 和 Hedera Hashgraph（海德拉哈希图）的其他分布式账本技术方案也得以发展。有人会说，这是因为以太坊背后的技术支持不敌新的竞争者。特别是，只有在以太坊的速度、交易成本和可扩展性问题得到解决时，其领先地位才能保住。只有时间能够检验以太坊是否能够保持其领先地位。

7.3　发　行　平　台

发行平台是为那些希望代币化其所有权的项目提供帮助的咨询组织。数字证券发行人通常缺乏对发行所需的技术和监管要求的相关知识。发行平台使问题变得更为简单，它们通过将所有发行证券型代币所需东西集中在一起来缩短发行时间。

发行平台协助设计代币、创建智能合同，并为潜在投资者提供登记和发送项目资金所需的用户界面。平台所发挥的作用远远超出了仅仅便利技术方案的实施。一些平台的管理不仅仅包含代币发行，甚至包含代币的整个生命周期，包括监管、反洗钱检查、合规、转移代理功能及法人行为。当代币丢失或代币持有者无法访问时，发行平台可以提供相应的帮助。简而言之，发行平台对于成功发行符合政府规定的证券型代币至关重要。

发行平台有助于证券型代币的高效运行。它们帮助项目保存记录，整合各数据中介使用流程，增强了代币的易用性，并且有助于降低风险。

发行平台通常有所不同，因为每个平台可能专注于特定的技术、地理区域或行业，这些平台也可能使用不同的区块链技术。一家公司可能使用以太坊更为专业，另一家可能是 Tezos 或 Hedera Hashgraph。一些公司可能使用一套标准，而其他公司则可能选择完全不同的路线。一些公司可能建议使用内部解决方案，而其他公司可能会建议使用第三方解决方案。发行人需要认真考虑各发行平台的不同专业性，以确保不仅技术问题得到最佳处理，而且也符合与证券型代币相关的所有要求和数据保护法规。

7.4　咨　询　服　务

随着证券型代币市场的不断发展，第三方服务也越来越重要。通过利用外包专业人员的服务，代币发行人和投资者可以降低发行风险、获得专业建议和工具支持，从而实现可持续的业务发展。咨询服务的业务类别相当广泛，以下三种最为相关。

7.4.1　律师事务所

对发行人或投资者来说，要想成功参与数字证券交易，第一步（也是最重要的一步）是确保他们所做的一切都建立在适当的法律基础之上。与金融工具发行、交易及处理等方面相关的法律是极其复杂的。在处理任何证券型代币之前，最好先咨询一位专业律师。

一般来说，证券型代币与传统证券被认为是一样的。证券数字化，并不意味着相关规则就发生了改变。许多发行人因为这个错误而陷入麻烦。在寻找律师时，最好找一个了解证券型代币业务的技术及生态系统的人。

随着区块链和其他自动化技术崭露头角，专攻证券法的法律人员也需要接受一定的技术培训。律师事务所开始雇佣更多的专业人员，这些人员拥有必要的技术知识，能够构建证券型代币、评估智能合同，并进行交易的合法框架管理。随着时间的推移，与证券型代币相关的法律文件会变得更加标准化。许多法律元素最终会嵌入证券本身，而不是像过去那样被记录在纸上。

7.4.2　托管人

托管人为公司、基金或个人的资产提供保护。这些机构通常不从事传统的金融服务，如零售银行业务或抵押贷款。托管人持有实际资产，无论是股票、固定收益证券工具，还是贵金属。托管人围绕这些资产提供服务，例如安排交易结算、执行税务和会计工作，或管理法人行为。

托管人在金融市场中扮演着重要的角色。某些机构，如共同基金和养老基金，在法律上被强制要求将它们的资产存放在托管银行。确保这些项目的受益人最终将获得项目背后资产的相关法律已经实施。托管银行的使用理论上可以防止坏人携款潜逃。

如今，人们似乎越来越青睐那些可以为非传统资产（即数字资产）提供服务和持有非传统资产的可信赖的传统托管人。客户正在寻找可信赖的托管人，因为这可以增强可信度，并有助于满足机构开始涉足数字证券业务的法律要求。

妥善保管是一个棘手的问题，并且已经与致力于保护资产和投资者安全的监管机构产生了很多摩擦。由于某些数字资产（尤其是加密货币）的监管有限，而且几乎没有解除交易的手段，所以界定什么是"托管"相当困难。全球监管机构尚未提供一个如何处理数字资产的正式框架。正是由于缺乏清晰的界定，以及现行法律标准也可能发生变化，这将托管人置于一个具有挑战性的位置上。因此，较大的托管公司倾向于回避数字业务，它们在进入市场之前会等待事情的进一步发展。而规模较小的公司有机会以先发制人的优势进入市场。

7.4.3　验证者

为了满足法律和合规要求，代币必须在每次传输时进行特定的检查。无论何时有交易代币的请求，区块链都需要核查是否所有终端用户都通过了身份验证并且在法律上有能力参与交易。验证者提供验证数字身份的机制，执行 KYC 和 AML，并确保合规要求得到满足。验证者确保所有参与者都拥有正确的交易凭证。这样可以减少完成合法交易所需的风险和时间。

验证者不仅在发行和交易时需要，在公司行为层面时也需要。如果公司支持代币发放股息，验证者就需要确认某些事实，例如，接受者是否仍然有法律资格接受资金，或者税务报告信息是否是最新的。

验证者也可以用作确保隐私的重要手段。代币持有人可能愿意提供自己的身份信息以获得财产，但可能不希望自己的个人信息被进一步传播。验证者可以保护信息，并且通过使用区块链在使得提供敏感信息的同时也保留自主权。

7.5　代币堆栈：把它们连接在一起

如果设计得当，证券型代币将有助于其发行者和投资者提高效率、降低风险，并与全球流动性池建立联系。代币堆栈是一系列相互关联的功能层的集合，这些功能层最终定义了证券型代币的功能和行为元素。为了成为一个高质量的产品，证券型代币必须遵循所有的规则，并通过区块链技术提供许多功能（图 7.1）。

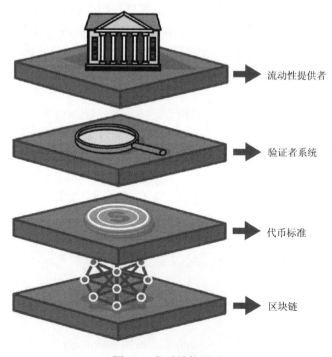

图 7.1　代币堆栈图示

典型的代币堆栈包含四个层次：区块链、代币标准、验证者系统和流动性提供者。虽然代币堆栈的各个层次都有各自不同的目的和功能，但是每个层次所执行的服务可以通过代币生态系统中不同金融科技公司的组合来完成。正如前面所讨论的，发行平台将提供多种便利，因此它就是由多个层次组成的堆栈。代币堆栈也可能由众多的供应商组成，每个供应商都提供对代币的成功至关重要的独特功能。

为了让一个证券型代币在更高的层次上运行，它需要：①构建在一个可扩展的区块链上，并在其打算运行的特定环境中进行测试；②拥有完整的无缝协作特性；③时刻保持合规；④能够处理所有的生命周期内的管理需求；⑤以可靠且具有成本效益的方式提供足够的流动性。

7.6　本 章 小 结

1. 金融公司生态系统已经建立起来，用以支持证券型代币的持续使用。

2. 金融科技公司正在努力改善现有的金融基础设施。

3. 代币生态系统由三个主要元素组成：协议、发行平台和咨询服务。

4. 为了使代币尽可能有益于社会，正在开发的技术必须具有高度的可协作性。

5. 目前，以太坊拥有最大的证券型代币社区，因为它能够运行广泛接受的标准协议。

6. 发行平台是为那些想要代币化其所有权项目提供帮助的咨询组织。

7. 咨询服务是为代币提供许多重要补充功能的第三方公司。

8. 代币堆栈是一系列相互关联的功能层的集合，这些功能层最终定义了证券型代币的功能和行为元素。

第三部分　实现证券型代币的潜力

第8章　数字资产的监管

1. 为了获得更广泛的认可，证券型代币需要接受监管和最优合规性实践。
2. 监管的不确定性是阻碍公众开发证券型代币的最大挑战之一。
3. 世界各国对证券型代币的看法各不相同。

8.1　从 5 万英尺①的高度看监管

发行证券需要满足一定的监管要求。影响证券型代币广泛使用的主要障碍来自监管形式。当今围绕证券型代币的最大挑战之一是如何将区块链近乎无限的潜力置于必要的法律框架内。监管是一个极其复杂且不断发展的议题。不同司法管辖区有许多监管机构，在某些情况下，同一司法管辖区内有多个监管机构。不幸的是，代币技术的发展速度远远快于将其约束于内的法律框架。

为了让证券型代币蓬勃发展并在市场上成功实现大规模应用，需要公众将它们视为是稳定、高效和安全的。因此，数字资产及其发行者需要遵守监管要求、合规性要求和资金转移法律。他们需要满足这些通用标准，并拥有可靠的消费者保护措施。从长远来看，遵守这些规则将为代币成功提供必备的法律基础。只有到那时，监管当局才可能会为面向更广泛投资者的更频繁推出的新产品开绿灯。

不幸的是，由于面对科技时某些噩梦般的遭遇，社会对区块链资产的态度是负面的。加密货币被认为是有风险的和不确定的投机命题；不管是好是坏，在大众的思维模式中，所有的数字资产都被归入了这个范畴。比特币及其许多替代品都被刻意设计为不受监管的，在没有任何正式政府文件或投资者保护措施的情况下运行。这些加密货币之所以成功，是因为它们使所有权的转移在技术意义上变得更加简单和有效；但它们也有不利的一面，在缺乏任何一般保护的情况下，代币购买者经常发现自己是骗局、网络黑客或金字塔计划的受害者。coinschedule.com 网站称，截至 2018 年底，加密代币和效用代币累计筹集了 200 多亿美元②。难怪人们持怀疑态度：许多人已经投入了相当多的资金，却几乎没有或根本没有获得什么可展示的投资成果。

---

① 1 英尺 = 30.48 厘米。

② CoinSchedule. "Total Raised in the Period". Crypto Token Sales Market Statis-tics. Accessed April 1，2020.

许多投资于加密技术的人非常清楚他们所承担的风险。有些人喜欢这样一个事实，即能干预市场的措施很少，一些人实际上认为政府被束缚是一个利好。其他人则承认：投资这个市场，他们的钱可能有去无回，他们对自身投资的投机性有一定认识。但是后来，有很多玩家参与加密货币游戏时，并不知道或不理解他们在做什么。他们不理解供求规律如何支配市场，也不理解投机狂热是如何运作的。一些推销商来了，却不过是骗子，想利用这些不成熟的投资者。

监管机构最终会出手保护他们的公民，这应该不足为奇。在大多数情况下，监管机构警告称，所有代币都要遵守与传统金融工具相同的法律法规。监管当局明确表示，绝不会容忍仅因为涉及尖端区块链技术而废弃现有的法律和法规。加密世界肮脏的一面被注意到了，一些不良行为者受到了惩罚。监管机构的行动奏效了，他们已经开始清理这一空间。

随着这一事实——区块链能够提供的远不仅加密货币或实用功能——变得越来越明显，监管机构意识到有必要制定能够使证券型代币和数字资产发挥作用的指导方针。因此，通过声明、裁决、意见和程序明确什么是可接受的，什么是不可接受的。管理机构意识到了区块链所拥有的令人敬畏的力量——他们必须小心，不要太迟钝或太严格，扼杀了这项新技术的潜力。然而，与此同时监管者也不能放任自流，让局面超出他们的控制。因此，公众不得不对监管机构的下一步行动采取观望态度。

在整个历史进程中，法律法规一直在努力跟上新出现的颠覆性创新。随着监管证券型代币运作方式的法律法规不断发展，地方当局和海关将主导交易的开展方式。联邦或地方的政治家将最终决定证券型代币将如何运作，没有任何办法以100%的确定性来概括监管机制将如何在全球范围内运作。因此，在确定与每种证券型代币相关的具体法规时，当地司法机构将发挥关键作用。

证券型代币将是数字化的下一发展阶段，因为它们将区块链的速度和灵活性与在有效市场中运转所需的监管标准相结合。通过整合适当的机制来保持合规状态，证券型代币可以以一种合法的方式发展，最终，监管对代币持有者有利。有了强有力的机制来保护投资者，人们就不会那么担心因诈骗或不正当手段损失钱财。相反，投资者将把他们的担忧转移到他们应该关注的地方——基础资产经济上的成功是否能够实现！

8.2　监管机构如何应对

监管机构开始了解全球证券型代币标准的优势，并有意支持其推行。那些利用证券型代币背后的技术并结合项目或其他资产发行此类代币的企业迫切需要一个比我们今天看到的更透明的监管环境。随着这些进程的展开，市场将开始了解适用的相关法规、它们所处的环境，以及合规性是如何实现的。一旦这些情况了解清楚后，就可以使用恰当的规则来创建证券型代币，从而可以通过算法为实施这些规则所需的步骤编写代码。

数字化提高了监管者进行有效监督的能力，因为透明度和可靠性大大提高。证券型代币有助于法规执行，因为它们增强了证券自身的自我监控能力，并向所有人报告所发生的事情。在这种环境下，监管机构将能够应用更多而非更少的控制权和合规性标准。最重要的是，监管机构将拥有更前瞻性的工具，而不是浪费时间做出被动反应。这种情况将使监管机构处于更有利的地位，能够更好地控制市场中的违规行为，并让立法目标得到更好的实现。因此，监管机构将接受证券型代币，因为它们具有不可思议的潜能——它们不仅能给投资者带来好处，还能给政府当局和监管机构带来好处。或许有一天监管机构会要求证券数字化！

我们正处于一个良性循环的边缘，监管机构、公众、证券发行人和保荐人之间的相互理解正在不断加深。我们正同时获取法律确定性和被不断开发的技术，这与将证券型代币发行提升到更高接受和使用级别所需的内容密切相关。

8.3　司法管辖区

理想情况下，证券型代币市场将是无国界的，但这并不意味着发行人、项目和持有人所在地管辖区的证券法可以被无视。证券型代币和其他数字资产的发行者必须非常谨慎地选择在恰当且监管友好的司法管辖区开展业务并为其项目筹资。发起人将寻找这样的地方：其监管机构以国际高标准而闻名、但又不至于因过于昂贵、烦琐或不必要的规则而扼杀创新和投资。正如所有市场的情况一样，那些提供清晰、简单、方便和一以贯之的政策的管辖区将吸引企业，而那些增加麻烦和不确定性的管辖区将阻碍发展。

各国都知道，它们必须为商业而竞争，尤其是在吸引具有高生产率或高增长潜力的产业方面。因此，一些国家正在建立友好的监管环境，以吸引证券型代币行业其他司法管辖区的人才。随着金融市场继续其数字化之路，那些将自己定位在这场技术革命中心附近的国家很可能会受益匪浅。

项目选择落户的管辖区是一项重大决策，将对其能否成功产生长期影响。从成本、速度、声誉、税收优势和/或选择自由等方面来看，选择合适的司法管辖区进行注册可能是有利的。为了确定管辖权，必须进行大量的研究，并咨询法律和税务专家。

8.4　接受度名列前茅的国家和地区

以下是世界上少数几个正在努力接受分布式账本技术的司法管辖区，因为它们意识到了分布式账本技术在创造就业和发展经济方面的潜力。培育围绕证券型代币的生态系统的国家可能会看到财富的流入、就业机会的增加和经济的协同发展。然而趋势显示，较小、人口较少的国家正更快地向数字化发展，很可能归因于其经济发展的动力和结构。它们敏捷的前瞻性行动可能会在未来几年为它们的经济带来巨大的红利。在更大、更发达的经济体中，将需要大量新的工作机会和活动来推动增长。尽管数字技术的使用肯定能提高效率和生产力，但相对于中国、德国或美国，增长的繁荣程度对一个小国来说更有意义。除此之外，数字证券不可避免地会带来政治风险——金融业的低层次职位可能会被淘汰，现有业务可能会被取代，或者立法对一些人来说过于宽松。因此，风险与回报的权衡使得发达国家可能会置身事外，而让其他国家带头。

在一些较小的国家和地区，监管机构和证券型代币行业的从业人员合作可能会更容易、更方便。在这些市场中，证券型代币的参与者和先驱更有可能在监管机构中拥有更大的话语权。监管机构和金融界的成员可能会开始相互妥协，以便找到一个对整个国家都有利的解决方案。

希望通过将自己标榜为"数字友好型"来扩大其管辖范围的政府很可能会在数字资产领域获得突破性的进展和经验。其他国家将向这些走在前列的国家寻求指导。一旦那些采取"不畏艰险"方法的国家对其新开发的流程和程序进行改进和测试，最初采取"观望"态度的国家将开始效仿。

8.4.1　瑞士

瑞士一直被认为是世界上做生意最安全的国家之一。瑞士不仅为投资者提供世界一流的服务，还以其提供的法律保护而闻名。FINMA对数字资产进行了定义，并提供了指导，阐明了应如何发行代币。此外，该国税务机关已经做出裁决，允许证券型代币享受与筹集标准资本时相同的利润和增值评估豁免。

该国的第一大交易所 SIX 投入巨资创建了一个交易平台，以国家监管的方式处理证券型代币。SIX 的董事长托马斯·泽布宣布，最好将现有证券（包括股票、固定收益证券和基金）代币化。瑞士政府还宣布了一项战略，承认分布式账本技术是金融服务部门的一项重要发展；因此，有计划在未来几个月奠定进一步的监管基础①。这些和其他一些特征是瑞士未来可能成为证券型代币发展关键国家的核心原因。

8.4.2　马耳他

地中海岛国马耳他已经明确表示，它打算成为那些寻求发展证券型代币生态系统的公司的首选目的地。马耳他被称为"区块链岛"，它通过了大量的法律来提供一个清晰的框架，公司可以在此基础上构建发行、管理和服务证券型代币所需的基础设施。监管机构和政界人士似乎都赞同这一举措。马耳他总理2018 年在首都瓦莱塔举行的一次会议上发表讲话，阐述了马耳他为何希望走在代币化的前列②。

马耳他的部分魅力来自它是欧盟的一员，位于欧洲、北非和中东的十字路口。鉴于它是欧盟成员，在该国创造的新产品往往可以直接移植到欧洲大陆。得到马耳他监管机构批准的证券或基金，应与欧盟成员国中任何其他国家发行的证券或基金一样具有相同的认可。

马耳他有关数字金融领域的法律旨在确认围绕证券型代币所构建的完整生态系统的必要性。这包括交易、证券推广、基础设施建设和投资者教育的渠道。

马耳他监管架构的主干来自议会通过的《虚拟金融资产框架》法案，这为该国发行的证券型代币和数字资产提供了法律依据③。由于政府制定了明确的方向，企业知道在马耳他开展项目在法律上是可以接受的，监管指导方针也将到位，这样投资者和其他利益相关者就可以更容易地适应数字空间。这反过来又促进了一个支持创新和技术增长的环境，同时形成了金融诚信和投资者保护氛围。

8.4.3　百慕大

作为英国的属地，百慕大也试图在数字资产领域留下自己的印记。今天，托管仍然是阻碍机构投资者快速接纳数字货币的一个大问题。百慕大已决定通过邀请和吸引托管人的法律，并给予这些重要的服务提供商一个试验持有数字资产并向世界展示其托管能力的场所。此外，2018 年，百慕大商业发展局内部的监管机

---

① Katharina Bart, "Thomas Zeeb: 'We may Issue our own Tokens'", Finews, May 6, 2019, https://www.finews.com/news/english-news/36357-thomas-zeebitvu-e.

② Abdelkrim Krid, "Prime Minister to Attend Malta Blockchain Summit", AIBC Summit Malta, August 23, 2018.

③ Wayne Pisani, "Malta introduces New Regulations Governing Virtual Financial Assets", Grant Thornton, Accessed April 1, 2020, https://www.grantthornton.com.mt/industry/fintech-and-innovation/The-Malta-Virtual-Financial-Asset-Act/.

构通过了一项《数字资产商业法》，为托管参与区块链业务的金融科技公司创建了一个法律框架[①]。

8.4.4　直布罗陀

直布罗陀也是英国的海外领土。直布罗陀位于西班牙的南端、欧洲和非洲之间的一片水域上，其经济以银行、在线赌博和保险等服务为基础，大多数客户都在境外。2018 年初，直布罗陀发布了《分布式账本技术监管框架》，这是一项旨在吸引区块链行业公司的立法。直布罗陀已向 5 家加密交易所发放许可证，贸易部长承诺为该行业创造"支持性环境"。

直布罗陀证券交易所已向世界表明，它打算成为证券型代币市场的前沿参与者。通过与监管机构合作并投资于技术，直布罗陀证券交易所正在寻求进一步发展其交易能力并保持在证券型代币市场的参与度[②]。

8.4.5　巴哈马

巴哈马有意成为领先的区块链的中心。该国认为新技术有潜力改变其经济，并使其金融基础设施实现现代化。该国的议会颁布了《数字资产和注册交易所法案》（Digital Assets and Registered Exchange Bill），以促进巴哈马首次代币发行的形成、推广、维护、销售和赎回。这项立法旨在促进该国成为区块链初创企业和希望利用该技术的公司的首要司法管辖区。该国还围绕数字身份以及接受加密货币作为证券的支付手段建立了一个框架[③]。

巴哈马已经拥有一个强大的金融部门，拥有 250 多家持牌银行和信托公司。除此之外，巴哈马长期以来一直被视为一个税收友好的国家——这包括对外国公司及其股东的 20 年免税。这些举措很可能使巴哈马成为金融业关注的一个司法管辖区。

"我们政府和金融服务的数字化完善了我们的营商便利举措和我们的数字巴哈马框架。作为简化业务举措的第一步，我们将为首次在巴哈马注册业务的初创公司提供一个新的在线界面。"

——彼得·图恩奎斯特，巴哈马副总理兼财政部部长[④]

---

① Bermuda Laws Online. "Digital Asset Business Act of 2018". Bermuda Acts and Statutory Instruments. Accessed April 1，2020.

② GBX Digital Asset Exchange. "Our Story". GSX Group. Accessed April 1，2020. https://www.gbx.global/our-story/.

③ Aliya Allen，"GT ATTORNEYS REVIEW DARE BILL 2019"，Grant Thompson，June 24，2019，https://grahamthompson.com/updates/gt-attorneys-review-dare-bill-2019/.

④ BNAmercas. "Bahamas Plans to Launch Digital Currency". News. June 25，2018.

8.5　关键国家及地区

　　而更有可能的是，开创性的工作和立法将首先在较小的国家通过，世界上最大的几个经济体将不得不参与进来，以使代币化成为一个成功的趋势。世界上的大部分财富集中在少数几个国家——如果不把它们包括在内，证券型代币仍将不是主流。事实上，世界上最富有的三个国家，美国、中国和日本，总财富仅略低于 175 万亿美元（图 8.1）。这比紧随其后的 150 个国家及地区加起来还多！

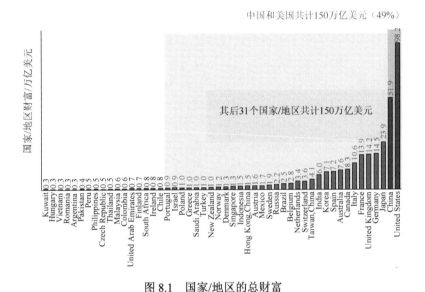

图 8.1　国家/地区的总财富

注：横坐标从右侧至左侧的国家/地区分别为：美国、中国、日本、德国、英国、法国、意大利、加拿大、澳大利亚、西班牙、韩国、印度、中国台湾、瑞士、荷兰、比利时、巴西、俄罗斯、瑞典、墨西哥、奥地利、中国香港、印度尼西亚、新加坡、丹麦、挪威、新西兰、土耳其、沙特阿拉伯、希腊、波兰、以色列、葡萄牙、智利、爱尔兰、南非、芬兰、阿拉伯联合酋长国、哥伦比亚、马来西亚、泰国、捷克、菲律宾、秘鲁、巴基斯坦、阿根廷、罗马尼亚、越南、匈牙利、科威特。
资料来源：瑞士信贷研究所[1]

8.5.1　美国

　　鉴于其在金融和技术领域的地位，美国是一个拥有资源和专业知识的国家，能够推动证券型代币和其他数字资产开发和应用。美国的许多公司和商业领袖都

---

　　[1]　Credit Suisse Research Institution. "Credit Suisse Global Wealth Report，2018". International Wealth Management. October2018. https://www.credit-suisse.com/media/assets/corporate/docs/about-us/research/publications/global-wealth-databook-2018.pdf.

直言不讳地谈到了区块链对金融业和社会的潜力。为了让区块链发展更上一层楼，美国已经投入了数亿美元和大量的时间。

目前，企业家、公司和投资者在美国面临的最大障碍是该国严格且不明确的监管政策。美国证券交易委员会是一个关键的管理机构，需要签署与资产代币化相关的规则。美国证券交易委员会明确表示，证券型代币将像任何其他证券一样受到监管。

"请这些市场的专业人士注意：那些企图打擦边球来避免代币成为证券的人完全在我们执法部门的视线范围内。"

——美国证券交易委员会主席杰伊·克莱顿谈数字资产[①]

在美国，立法者将依靠监管框架的关键部分来确定数字资产是否真的应该被视为一种证券，这就是众所周知的豪威测试（Howey test）。豪威测试是美国最高法院设立的一个判例，用于确定投资品是否应被视为证券。根据豪威测试，要将资产归类为证券，必须满足以下四个标准[②]：①有投资资金的注入；②有预期的盈利；③存在一个共同的企业；④第三方或发起人产生利润。

由于证券型代币代表权利和来自其背后资产经济收入的所有权，因此在监管者眼中，它们确实可以被视为证券，因此受到严格的法律审查。实施的确切监管将取决于基础资产的特征。

监管机构已经向那些企图滥用证券型代币的人发出了警告，欺诈案例将会得到相应处理。此外，美国还有许多其他的监管实体也需要加入进来，以便使大型金融机构和散户投资者能够更放心地投资于证券型代币，包括商品期货交易委员会、美国财政部等。

美国在监管环境发展方面取得了进展，有助于建立一个有适当保障措施的、投资者友好型的证券型代币市场。采取进一步措施还需要时间和测试，但似乎很明显，美国的监管机构渴望保持自身始终处于数字化的前沿。

案例研究：Ripple

2012 年，加州的 Ripple 实验室发布了 Ripple 支付协议，以提供"安全、即时、几乎免费的任何规模的全球金融交易，不会拒付"的支付系统。Ripple 支付协议的核心是两个部分：XRP（瑞波币，又称 Ripple）分类账和 XRP 代币。

---

① Shannon Liao，"US Regulators are Struggling to Rein in Illegal Cryptocurrency Offerings"，The Verge，February 6，2018.

② Wikipedia. "SEC v. W. J. Howey Co.". Last modified November 5，2019.

　　XRP 分类账建立在分布式账本技术的基础上，是一种点对点网络，作为一个通用支付系统，能够促进资金的跨国转移。Ripple 实验室认为金融机构需要简化跨境支付基础设施。在 Ripple 协议推出之前，银行传统上使用 SWIFT（Society for Worldwide Interbank Financial Telecommunications，环球银行金融电信协会）银行网络来处理国际支付订单——尽管成本要高得多。XRP 代币用于表示价值在 Ripple 网络中的转移。所有 XRP 代币的累积价值如此之高，以至于它一直排在所有加密货币项目的前 3 名[1][2]。

　　XRP 分类账之所以如此吸引人，是因为它的交易费用可以忽略不计，结算时间只有几秒钟——与传统的类似操作需要 3 至 5 天相比，这是一个显著进步。该系统的处理吞吐量也是比特币或以太坊的 100 多倍。客户也看到了价值——Ripple 实验室已经与不少主要公司签约，以使它们使用它的服务。这些机构包括美国运通、瑞银、速汇金、PNC 集团、西太平洋银行、桑坦德银行和暹罗商业银行[3]。

　　有了所有这些独特功能和对这种类型服务的明确需求，投资者萌生了为该项目投资的想法。由于对未来需求的预期很高，大量资金涌入投资 XRP 代币。

　　然而，Ripple 实验室面临的最大未知数之一是，XRP 代币是否可被视作一种证券。这个问题被提出了无数次，但从未被美国证券交易委员会完全解决[4]。尽管英国当局，如金融行为监管局（Financial Conduct Authority），明确表示 XRP 不是证券，但美国监管机构可能拥有最终决定权[5]。使事情进一步复杂化的是，Ripple 实验室面临集体诉讼，被指违法销售未注册证券。原告声称 Ripple 实验室误导投资者，并通过违反美国联邦安全法的方式出售瑞波币。这场集体诉讼在庭审双方当事人之间拉锯已经有相当长一段时间了。

　　尽管 Ripple 实验室、XRP 分类账和 XRP 代币之间确实是相互独立的，但由于网络的设计，它们仍然保持着内在的互连性。三者相互依存，相辅相成。多年来，XRP 一直使用 Ripple 徽标，通常被称为"Ripple"。XRP 这个名字在加密领域还没完全流行起来。大量 XRP 代币仍由 Ripple 实验室自己持有。该公司向市场出售 XRP 代币，并定期披露金额。因此，原告声称 Ripple 实验室

① CoinTelegraph. "What is Ripple. Everything You Need to Know". Accessed April 6，2020.

② XRP Ledger. "XRP". Concepts. Accessed April 6，2020. https://xrpl.org/xrp.html.

③ Ripple. "Our Customers". Accessed April 2，2020. https://ripple.com/customers/.

④ Nikhilesh De，"SEC Guidance Gives Ammo to Lawsuit Claiming XRP Is Unregistered Security"，CoinDesk，August 13，2019.

⑤ Tim Fries，"UK Financial Conduct Authority（FCA）Does Not Consider Ripple's XRP to Be a Security"，The Tokenist，September 15，2019，https://thetokenist.io/uk-financial-conduct-authority-fca-does-not-consider-ripples-xrp-to-be-a-security/.

对 XRP 代币的市场和价格有影响。

根据网站"XRP Ledger"显示：

"2012 年，'XRP Ledger'的创作者们（克里斯·拉森、杰德·麦卡勒布和亚瑟·布里托）将 800 亿 XRP 给了 Ripple（当时公司名为 OpenCoin Inc.），以换取 Ripple 开发和推广'XRP Ledger'。此后，该公司定期出售 XRP，用它来完善 XRP 市场和改善网络流动性，并促进更大的代币生态系统的发展。2017 年，该公司将 550 亿 XRP 置于托管之下，以确保在不久的将来，进入总供给领域的金额可预见地增长。Ripple 实验室的 XRP 市场表现网站报告了该公司目前有多少可用并锁定在托管中的 XRP。"[①]

考虑到 Ripple 实验室推广 XRP 代币的方式，XRP 代币是否真的是证券，最终取决于监管机构和法院。从 Ripple 的案例我们得出，显然对于某些加密货币是否应该被归类为证券存在争议[②]。除非这些问题得到解决，否则由此产生的额外风险将是一个不争的现实，而加密货币被接纳的可能性将比这些问题解决后小。

8.5.2　欧盟

欧盟内部越来越多的国家采取支持区块链的立场，并寻求利用证券型代币带来的好处。这一趋势不仅限于欧洲的一两个地方，而是分布相当广泛。卢森堡颁布了《国家区块链法案》，爱沙尼亚向在卢森堡运营的区块链科技公司发放了 900 多份许可证[③④]。一些国家，如法国和德国，也在研究证券型代币领域。最近，德国金融监管机构 BaFin 批准了点对点贷款平台 BitBond 发行 BB1 代币。这是欧洲主要监管机构首次批准证券型代币发行[⑤]。

《欧盟招股说明书条例》将对证券型代币领域产生重大影响。这一法律将明确

---

① XRP Ledger. "XRP Ledger Overview". Concepts. Accessed April 1, 2020. https://xrpl.org/xrp-ledger-overview.html.

② Lubomir Tassev, "Lawsuit Against Ripple May Decide the Fate of XRP but Regulators Have the Final Say", Bitcoin.com, January 20, 2020.

③ Arnone & Sicomo, "Cryptocurrencies and Blockchain Law in Luxembourg: How to Make Safe Investments", Monday, February 24, 2020, https://www.mondaq.com/Technology/896676/Cryptocurrencies-and-Blockchain-Law-in-Luxembourg-How-to-Make-Safe-Investments.

④ Lubomir Tassev, "Estonia Issues Over 900 Licenses to Cryptocurrency Businesses", Bitcoin.com, November 17, 2018.

⑤ Andrea Bianconi, "The first STO milestone is German: Bitbond issues the first BaFin approved security token bond", Hackernoon, March 5, 2019.

概述欧洲证券型代币发行和交易的适当披露要求。这些规则还将简化项目发起人披露他们所发行产品的方式[1]。

证券代币化的最大机会之一可能来自总部位于欧洲的小公司。这是因为，对筹集不到几百万欧元的实体的监管不需要让监管机构批准它们的招股说明书，就可以直接向公众发行股票[2]。因此，许多初创企业和个人创业项目可能会利用这一新技术来筹集资本。

8.5.3　英国

几十年来，伦敦因其作为世界主要金融市场中心之一而蓬勃发展。然而，脱欧后，英国大批金融企业和专业人士将外流，很可能迁往牢牢扎根于欧盟的司法管辖区。

英国人和他们的政治家都不想看到这些工作岗位消失或随之而来的金钱外逃。英国有一个繁荣的技术社区，被视为世界领先的高科技创新主体之一。正因为如此，英国脱欧后可能还有一线希望。该国的监管机构和金融专业人士正在寻找在英国开展金融活动的新途径。数字证券就是其中之一。

2019 年 7 月，英国金融行为监管局发布了关于哪些代币属于其管辖的指导意见。监管机构决定，不对以太坊和比特币等加密货币进行监管，但 AML 规则仍适用。该指导意见定义了证券型代币，并指出它们属于"特定投资"的范畴[3]。

8.5.4　中国

中国是一个拥有约 14 亿人口的国家，显然将在决定证券型代币和数字资产的未来方面发挥举足轻重的作用。如果中国的监管机构向基于区块链的证券敞开大门，这将会是证券型代币被全球接纳的重要一步。

在中国，加密货币，尤其是比特币，经历了过去动荡的十年。中国政府对其经济的把控包括为其货币制定较为严格的汇率指导方针并进行部分资本管制，

---

① Matus Steis，"New Regulations in Europe planned for 2019 will simplify issuance of Security Tokens"，Medium，January 3，2019，https://medium.com/rockaway-blockchain/new-regulations-in-europe-planned-for-2019-will-simplify-issuance-of-security-tokens-d5e3f91c8387.

② European Securities and Markets Authority. "National thresholds below which the obligation to publish a prospectus does not apply". Rules in the Prospec- tus Regulation. March 2, 2020. https: //www.esma.europa.eu/sites/default/files/library/esma31-62-1193_prospectus_thresholds.pdf.

③ Yessi Bello Perez，"UK financial watchdog finally decides which cryptocurrencies it wants to regulate"，The Next Web，July 31，2019，https://thenextweb.com/hardfork/2019/07/31/uk-financial-watchdog-finally-decides-which-cryptocurrencies-it-wants-to-regulate/.

以限制部分资金进出中国。这导致加密货币等分散结构的资产受到了严格监管，因为它们本质上可能会规避中国对其市场实施的规则。

中国完全禁止其公民将加密货币合法兑换成法定货币。虽然人们可以持有加密货币，但兑现持有的加密货币变得很困难，甚至可能会受到严厉的惩罚。这些规则显然是为了阻止公民使用数字资产[①]。

与此同时，过去几年也看到了许多希望的曙光，未来中国人民可能能够以得到政府支持和鼓励的方式利用区块链。有很多报道称，中国的央行——中国人民银行正在考虑创建自己的国家加密货币，并正努力寻找使这种货币融入中国社会的最佳方式[②]。此外，中国杭州互联网法院 2019 年做出了一项重要裁决，认为比特币是一种商品，因为它具有稀缺性以及携带和转移价值的能力[③]。2019 年 7 月，中国银行，在其网站上发布图文信息，解释加密货币的历史和内部运作[④]。这些事件显示了积极的迹象，表明中国对区块链至少保持中立。

中国在数字资产发展中的作用，还需要时间观察。政府的态度肯定会是决定它们是否被成功使用的关键因素。但中国清楚地意识到，区块链的技术不会消失，中国政府也正在紧紧地抓住这个机会。

8.5.5　日本

日本是最早在监管层面承认加密货币的国家之一，如今，日本正在稳步推进证券型代币行业的发展。金融服务局（The Financial Services Agency，FSA）是日本主要的政府机构之一，负责监管金融行业，并监管日本法律下的证券型代币。证券型代币必须遵守严格的注册要求，并提供半年度报告和保留所有权记录[⑤]。

2019 年 10 月，六家主要日本经纪公司成立了日本证券通证发行协会。银行名单包括思佰益、摩乃科斯（Monex）、乐天证券（Rakuten Securities）、野村（Nomura）、大和（Daiwa）及三菱 UFJ（Mitsubishi OFJ）。这一消息非同寻常——鉴于三菱 UFJ 是全球十大银行之一的事实，这意味着主要金融机构真正开始

[①] Zheping Huang and Olga Kharif, "Cryptocurrency exchanges across China halt services amid crackdown", Japan Times, November 28, 2019.

[②] Yuan Yang, "What is China's digital currency plan？", Financial Times, November 2019.

[③] Darren Kleine, "Bitcoin Declared Legal Commodity In Chinese Court", Crypto Briefing, July 18, 2019, https://cryptobriefing.com/bitcoin-declared-legal-commodity-in-chinese-court/.

[④] Nicole Jao, "Bank of China releases infographic to raise bitcoin awareness", TechNode, July 29, 2019, https://technode.com/2019/07/29/bank-of-china-infographic-bitcoin/.

[⑤] Greenberg Traurig. "New Regulations in Japan on Security Token Offerings". Insights. July 24, 2019. https://www.gtlaw.com/en/insights/2019/7/new-regulations-in-japan-on-security-token-offerings.

关注证券型代币，并对它们的未来和发展感兴趣。日本证券通证发行协会的总部设在东京，将根据所有适用的法律和投资者保护措施支持证券型代币融资的发展[①]。

这些现象表明，日本仍然致力于促进区块链证券发展。

8.6　行业趋势：央行数字货币

2019 年 10 月 24 日下午，中共中央政治局就区块链技术发展现状和趋势进行第十八次集体学习，中共中央总书记习近平在主持学习时强调："区块链技术的集成应用在新的技术革新和产业变革中起着重要作用。我们要把区块链作为核心技术自主创新的重要突破口，明确主攻方向，加大投入力度，着力攻克一批关键核心技术，加快推动区块链技术和产业创新发展。"习近平提出："我国在区块链领域拥有良好基础，要加快推动区块链技术和产业创新发展，积极推进区块链和经济社会融合发展。"[②]这些声明使他成为第一个公开认可区块链和分布式账本技术优点的世界主要领导人。如此，他把区块链的发展提升了一个高度。

这一声明在中国国内引起了不小的轰动，并带来了一系列新项目。中国开始致力于增加区块链领域的教育、投资和创新。此后不久，中国的企业公布了一系列目标和建议，以推动国家向前发展[③]。

不过，最受关注的是中国人民银行为推出数字货币电子支付系统付出的努力——该系统可能会使用一种基于区块链的解决方案取代现金。这个项目有可能使中国成为世界上第一个使用本国数字货币的主要经济体。数字人民币将成为中国扩大海外影响力和投资的一股强大货币力量。

其他国家也纷纷效仿。在世界各地，国家领导人都在谈论他们创建国家稳定币的雄心，而其他人也在采取行动。例如，巴哈马中央银行计划通过一项名为"沙元项目"的提案，发行自己的数字货币。鉴于飓风多里安造成的破坏，巴哈马希望确保经济在另一场自然灾害中的恢复能力，希望在 2020 年的某个时候发行新的数字货币。通过数字货币，巴哈马在一定程度上摆脱现金，并在发生另一场灾难时迅速重新开放银行[④]。

---

① Richard Meyer，"Six Major Japanese Brokerages Form Security Token Offering Association"，CoinDesk，October 2，2019.

② http://www.xinhuanet.com/politics/leaders/2019-10/25/c_1125153665.htm.

③ Biser Dimitrov，"Why China's Blockchain Plan is Winning and The U.S. Should Pay Attention"，Forbes，November 25，2019.

④ Helen Partz，"Bahamas Central Bank Enters Agreement to Deliver First National Digital Currency by 2020"，CoinTelegraph，May 29，2019.

此外，马绍尔群岛共和国提出了创建自己的国家数字货币的计划，以此作为降低该国对美元依赖的一种方式。新货币被称为马绍尔主权货币，预计将包含内置的合规性功能和以每年 4%的速度增加货币供应的机制。通过使用开放透明的区块链技术，马绍尔群岛共和国希望开发属于自己的可预测、可靠的货币，作为价值贮存和可行的交换手段①。

8.7　本章小结

监管是一个复杂而烦琐的话题。发行证券型代币时，遵守适当的规则和条例是第一步，也是最为关键的一步。证券型代币的实际规则将由当地司法机构确定，而这方面的立法尚未完善。本节旨在从监管的角度给出证券型代币的高度概括，并回顾在评估司法管辖区的监管环境时需要思考的关键方面。在做出任何投资或成立公司的决定之前，咨询法律顾问总是明智的。

1. 为了获得更广泛的认可，证券型代币需要接受监管和最优合规性实践。

2. 监管的不确定性是公众开发证券型代币的最大挑战之一。

3. 负面事件破坏了社会对数字证券的认知——尤其是那些与加密货币有关的事件。这种怀疑导致监管机构行动缓慢，迫使企业家开发高度安全的解决方案。

4. 世界各国对证券型代币的看法各不相同。规模更小的国家更有可能处于创造友好的数字化环境和监管框架的前沿。

5. 为了让证券型代币成为一种全球现象，美国、中国、日本和欧盟等关键地区最终都要加入进来。这是因为世界上大部分财富都集中在这些地区。

---

① David Paul，"Why the Marshall Islands Is Issuing Its Own Cryptocurrency"，CoinDesk，September 4, 2019.

第9章　数字资产和证券型代币市场

1. 代币本质上比纸质证券可交易性更强，能提供更多功能。
2. 代币化能改善流动性选择，减少交易摩擦。
3. 证券型代币有可能降低甚至消除结算和清算成本、时间和风险。

9.1　可交易性和寻找流动性

未来，股票、债券、大宗商品和其他金融工具和金融资产会以代币形式出现。证券型代币本质上更容易交易，因为相比纸质证券，它们提供了更多功能，交易摩擦更小。未来股票、债券等资产都可以在全球市场进行交易，这是真正迈向数字化的关键。随着越来越多的资产代币化，跨境交易将变得不那么困难，所有权转移将几乎是瞬时的。投资者可以一年 365 天，每天 24 小时进行交易。智能合同和协议将创造一个交易对手风险有限、所有权转移更快的环境。

在进一步讨论之前，有必要阐明"流动性"的概念。流动性是一种市场特征，允许市场参与者以合理的价格快速交易资产。流动性与市场的交易数量（通常指交易量）有关，也可以通过观察交易价格来衡量流动性，通常用给定时期内不同时点的买卖价差度量流动性。如果寻找合适交易对手，以双方都能接受的条件进行交易几乎没有等待的时间，我们通常认为这个市场是"流动"的。然而，"不流动"并不一定意味着"不能交易"，可能仅仅是一个资产交易成本高，或者以一个合意的价格或限定时间交易比较困难。这可能是因为匹配合适交易对手困难或者必须解决重要的合同或其他障碍。证券型代币和电子市场可以提供缓解这些情况的补救措施。

公开发行的证券通常比私募股权更具市场深度和流动性。在公开市场，少数股东有权根据自己的意愿交易证券。但是在目前传统的市场，公开发行资产成本很高。在进行 IPO 以及遵守监管机构对基于信息披露和保护投资者角度要求的持续流程时，会产生大量费用。正因为这些负担，上市通常是不经济的，除非发行规模足以抵消增加的支出。

这也是代币化为很多项目创造了巨大机遇的原因。创建数字资产的成本正在下降，将资产放置在区块链上交易所需的时间也在缩短。

获取流动性是推进数字化进程的关键驱动力。仅仅将资产放在区块链上本身不会产生额外的流动性，但这确实创造了资产流动的机会，以及在减少摩擦的情况下进行交易的可能性。这个属性使资产更复杂，可能会增加投资者对资产的评估价值。

但为证券型代币创造流动性方面有一个难题：如果没有交易证券型代币的二级市场，为什么要承担发行数字证券的成本呢？而且如果没有足够的已发行的证券型代币进行交易，我们为什么要发展二级市场呢？这种两难处境使启动和运行一个全面运作的市场十分困难。如何实现一级市场和二级市场的平衡是这章的重点。

9.2　发展一级市场

证券型代币有可能挑战传统 IPO 筹资手段。伴随能力的增强和融资成本的降低，数字化为未来提供了一条更好的道路。通过促进小规模、小面值、更优质功能的证券发行，区块链将为资本市场提供价值数万亿美元的资产。

证券型代币的发行方式很大程度上取决于发行地的法律法规。发行方在发行成功前须满足监管机构的要求和程序。由于发行规则差异很大，而且可能会发生变化，这一章仅分析一些常用术语以及所有国家或地区都可能面对的问题。

9.2.1　合格投资者

为了保护公众，大多数监管机构只允许具有丰富投资知识的个人或机构投资某类投资产品。虽然监管机构希望促进创业活动和某类企业发展，但他们也希望保护当前景黯淡时，不能承担重大损失的个体。所以监管机构通常试图通过提供与合格投资者相关的规则来达到促进企业发展和保护公众两者的平衡。

合格投资者需要满足监管机构认定的某些属性。比如合格投资者需要满足的特征可能包括收入或净资产值超过特定水平，或者持有特定许可证。所以合格投资者通常包括富有的个人、金融机构、大型企业和风险投资基金、对冲基金、私募股权基金等金融工具。具体的资格标准由市场的监管机构如 SEC 设定，旨在确保合适类型的投资者适合投资，如具备投资所需的知识、经验、能力等。

销售证券的中介需要在发行公司证券前确认潜在客户是否为合格投资者，这个过程需要一定的成本。这也是为什么转向第三方服务（如验证器）能降低融资时间和风险。

9.2.2　众筹

许多项目转向互联网进行融资。众筹是一种协作方式，这种方式依靠从很多人手中获取资金实现筹资，每年全球通过这种方式筹集了数百亿美元。众筹不仅可以用于投资，基于这种创新模式，企业可以直接向投资者转让股份或发行债券进行筹资。众筹可以加快产品或服务进入市场的进程，而且可以降低创立企业或开发产品、服务的成本。代币化似乎天然适合这种类型的融资。

《2012 年就业法案》为美国投资众筹产品奠定了基础，并成为其他国家效仿的标准。基于众筹的匿名特性，监管机构已经试图采取措施阻止欺诈活动和洗钱行为。

众筹将允许发行人出售项目中的股份或债务，以换取需要的资金。智能合同和代币的发行机制可以帮助确保筹集资金的项目按照发行时宣称的那样完成，也可以帮助确保投资者得到应有的回报。

9.2.3　禁售

部分投资在有资格被出售或赎回之前需要持有一段时间。监管机构或项目本身通常要求某项投资有禁售期，这样做的原因包括：维持市场稳定、保持市场流动性、留住管理层或关键员工或增强对项目未来的信心。

证券型代币可以嵌入禁售期。理论上在某个特定时点之前代币不能用于交易，这将减少对禁售证券的监管力度。这个特性增加了一项投资的灵活性，也减轻了监管机构的负担或项目承诺的负担。

9.3　发 行 代 币

发行代币，为项目筹资的基本方式有三种。当为一个项目筹资时，发行人和投资者首先需要知道代币的用途和设计目的，只有这样，发行人及其律师团队才能真正确定需要何种监管和投资者保护，以确保发行成功、合规且无法律责任。

三种主要的发行方式通常指：①首次货币发行（initial coin offering，ICO）；②交易所首次发行（initial exchange offering，IEO）；③证券型代币发行（security token offering，STO）。

表 9.1 比较了 ICO、IEO 和 STO 的不同，有利于我们理解不同代币发行的目的以及适用的筹资形式。

表 9.1　ICO、IEO 和 STO 比较

	ICO	IEO	STO
定义	通过发行效用代币/硬币进行众筹	通过加密货币交易所发行效用代币/硬币进行众筹	通过发行证券支持代币/硬币进行众筹
建立难度	简单	中等	难

续表

	ICO	IEO	STO
筹资成本率	低	中等	高
投资保障	低	中等	高
投资者可及性	高	中等	低
管理水平	低	中等	高
治理水平	宽松	中等	紧缩
流通性	中等	高	低

资料来源：Kodorra.com①

9.4　发展二级市场

交易所和其他交易场所是证券型代币生态系统的重要组成部分，因为这些交易场所为获取流动性和发行或交易代币化产品提供了渠道。金融行业正在意识到确实可以在分布式账本技术的基础上进行证券交易。专业的交易者正在行动，并迅速搭建必要的基础设施。透明、监管友好、安全、可靠的交易平台很快就能实现正常的价格发现功能。这是证券数字化进程中激动人心的一步，因为这意味着理论上，任何能连接互联网、拥有足够资源和适当法律证书的人都将有能力进入资本市场。

证券型代币公开交易市场与目前的加密货币交易市场有天壤之别。加密货币市场如比特币不受监管，而且没有提供解除交易或托管证券的恰当方式，这导致了一系列的欺诈和引人注目的黑客攻击。随着我们从这种"狂野西部"的比特币交易方式转向更规范的环境，投资者将发现全球市场的严格控制和合规机制。

监管机构正在加强投资者保护，而且也会采取相应的措施，这是任何希望发行证券型代币和其他数字资产的公司都需要注意的。毫无疑问，这会增加发行成本，也需要公司持续披露更多的报告，同时也将促使交易所谨慎选择发行上市的代币。企业必须合规发行代币，以最佳方式实施 KYC 和 AML 规则，以规避对平台或投资者不必要的法律责任。

建立可行的数字二级市场，需要三个要素。

1. 交易所和交易场所：包括培育关键用户和数字资产，实施适当的规则和执行机制，获得适当的监管批准。

---

① Melvin Wong，"Difference Between ICO，IEO and STO"，January 5，2019，Kodorra.

2. 金融服务和增值服务：包括提供多样化选择，如帮助项目筹集资金、提供和促进公司治理方面的援助以及促进准确及时披露信息、制定国家或全球法律框架。

3. 技术：意味着拥有自动化、促进交易双方需求匹配的基础设施。交易所可以通过成熟的流程来提高生产率和效率，不断发展，从而使自己与众不同。没有前沿计算机和网络技术，交易所不可能达到有效运作所需的规模和速度。

案例研究：新加坡 iSTOX 数字平台

位于东南亚的新加坡被普遍认为是世界上最具前瞻性和创新性的资本主义国家。长期以来它因灵活的监管环境和领先的技术基础设施备受赞誉，使其成为亚洲发达的金融中心。因此，新加坡拥有充满活力的财富管理行业和资本市场。

新加坡希望从数字证券未来所拥有的不可思议的潜力中分一杯羹。SGX 是一家拥有并运营新加坡交易所的控股公司，而新加坡交易所是新加坡证券和衍生品交易的主要场所。在新加坡金融管理局（The Monetary Authority of Singapore）的指导下，SGX 开发了 iSTOX。iSTOX 是一个新的交易平台，旨在为数字证券的发行、托管、交易提供全方位解决方案。iSTOX 将通过无缝衔接银行、经纪商、交易所和清算机制搭建投资者直接和发行者连接的桥梁[1]。iSTOX 也会使新加坡成为世界发行和交易证券型代币的重要场所之一（图 9.1）。

图 9.1 iSTOX 产品

资料来源：iStox[2]

---

[1] iSTOX. "About Us". Accessed March 29，2020.

[2] iSTOX. "Private Capital". Accessed March 29，2020.

通过利用区块链，iSTOX 整合了投资步骤，这些步骤的整合有利于帮助在传统金融体系下不能进行投资的人获得投资机会。iSTOX 将提升私募股权、私人债务、另类投资产品的流动性。也为新加坡交易所的所有投资机会提供强大的筛选和审批流程，这将确保只有信誉良好和高质量的项目留在市场。通过直接连接投资者和投资产品或项目，iSTOX 在提供快速结算和可信保护机制的同时，将削减不必要的费用和麻烦。新加坡最大的银行星愿银行即将为代币和客户资金提供托管服务。这些服务将创造投资者直接进行投资、用户友好的客户体验。

亚洲各地的企业对这个项目投入了大量的资金。日本东京东海(Tokai Tokyo of Japan)、韩国韩华资产管理公司（Hanwha Asset Management of Korea）和泰国法特拉（Phatra of Thailand）都是 iSTOX 的股东。新加坡主权财富基金淡马锡（Temasek）也是 iSTOX 的重要投资者。此外 iSTOX 与许多知名的公司如普华永道、德勤和亚洲领先的律师事务所都建立了重要的合作关系。SGX 招聘了许多关键员工担任合规性和安全性相关的重要职位。

2020 年 2 月，新加坡金融管理局批准了 iSTOX 的建立，并为其资本市场业务提供了完整的许可证。这使 iSTOX 成为世界上第一个受监管、得到许可的数字证券平台[①]。

"我们将 iSTOX 视为传统资本市场的潜在颠覆者。通过在 iSTOX 发行数字证券，企业和投资者获得另一个筹资的选择，对于投资者来说，现在他们拥有更多投资机会。"

——德里克·劳，淡马锡投资子公司 Heliconia Capital 首席执行官

"我们相信 iSTOX 是资本市场的未来。利用前沿的技术能力，这个平台使发行人的筹资几乎没有摩擦，为投资者发现大量的投资机会。而且因位于新加坡，iSTOX 将受益于新加坡前瞻的监管制度和稳健的金融生态系统。"

——阿菲南特·克卢帕蒂农，Kiatnakin Phatra 金融集团首席执行官

9.5 代币化蓬勃发展需要什么？

市场将朝着去中心化代币交易所发展。虽然中心化的交易所通常对用户更友好、更有可能获得监管批准，也是为进入传统资本市场设立的，选择中心化

---

① JD Alois，"DLT-based Securities Platform iStox 'Graduates' From Monetary Authority of Singapore Fintech Sandbox，Now Fully Regulated to Offer & Trade Securities"，Crowd Fund Insider，February 3，2020.

的交易所短期来看似乎更容易，但最终会在某些方面回到起点。你又一次被中介困住了！在很多方面，区块链的关键是使用这个系统的每个人都制定相同的分类账，以执行互惠原则。如果我们回到了一个集中地，那么使用区块链的意义是什么呢？

虽然金融市场很少有完美的解决方案，但如果我们能发展一个使用区块链的中心化交易所或竞争的、使用区块链的中心化交易所来促进交易，我们将取得重大的进步，抵达一条比今天更好的道路。

如果我们能进入使用去中心化交易所的阶段，那发行和交易代币的障碍将小得多。但这也要求个人投资者更依赖智能合约，对代币的投资基本面做更多的调查研究。

需要金融行业进一步发展、接受和运用证券型代币的标准和协议，以使投资者在去中心化的平台能自由交易代币。只有这样，去中心化的交易所的整合机制才能让任何人都能参与交易。一个正常运行的市场不能持续为每个新的产品定制解决方案。不管发行人如何创建数字证券，证券型代币的统一标准使投资者都能进行交易。这些自上而下机制的成熟程度将产生一种新型的全球化市场，将简化交易，并帮助我们达到价格发现和流动性的平衡。

9.6　管　辖　权

当寻找合适的许可证和监管批准开设一个交易平台时，一切要从管辖权开始。世界各国政府的运作方式各不相同，政府领导者的优先事项也各不相同。

一些国家将促进金融服务和技术创新作为优先事项。证券型代币以及围绕它们构建的配套的生态系统能为具有前瞻眼光的领导者提供一个好的选择。

区块链行业的开拓者一直积极与这些国家的监管机构合作。在一些小国家，监管机构与证券型代币行业从业人员的合作可能更容易、更方便。在证券型代币市场，市场参与者和开拓者更有可能在监管机构中拥有发言权，这也更可能促进监管机构和市场参与者的相互合作。监管机构和金融市场参与者可能会开始相互妥协，以创造一个有利于整个国家的解决方案。

在一个政府希望以"数字友好"自居提升其司法管辖区地位时，你更有可能看到突破性的发展和试验。其他国家将跟随这些处于领导地位的国家。

9.7　另类交易系统

20 多年前，SEC 引入另类交易系统法规为投资者提供获取流动性的替代手段。这一法规批准了另类交易系统的创立。另类交易系统（alternative trading systems,

ATSs），一般指注册为经纪交易商并与用户的交易订单相匹配的场所。不像交易所，ATSs 除行为规范标准外，没有为用户设立具体规则。这些交易平台不需要注册成为交易所，也可以交易在全国交易所上市的证券[①]。

2018 年 6 月，SEC 修改了一些关于 ATSs 的规则，以促进证券型代币交易使用 ATSs。SEC 的这一行为加强了对 ATSs 的公开披露要求，提高了 ATSs 运行的透明度，也减小了潜在利益的冲突。ATSs 监管的进一步明晰会促进证券型代币二级市场的建立[②]。代币交易正在这些场所进行，参与数字资产市场的机构和投资者将会密切关注这个趋势。

在 ATSs 首次交易证券型代币可能是初创企业在金融市场的一个分水岭。初创企业的投资流动性通常较低，实现投资的现金回报通常需要几年。虽然仍可能存在禁售期，但 ATSs 平台能为希望出售风险投资股权的人们提供一个退出渠道。

9.8　关于私有财产的特殊考虑

证券型代币可能会颠覆私有财产领域。通过数字化产权，项目将减少筹资所需的时间、资源和人脉。这是因为数字资产带来了全新的用户体验，创造了前所未有的可能性。投资者可以利用数字化资产和智能合同将私募股权在合适的交易所按需变现。这种代表所有权的新方式将为发行人和投资者带来巨大的好处。

1. 更广泛、更多元化的投资者群体

这种分割所有权和随后在受监管的二级市场出售所持股份的能力为私人所持资产提供了令人难以置信的机会。持有某一特定项目大部分股权的投资者可以在需要时分割股权后出售。这比只有一个或几个购买者时造成更小的价格波动，出售给更多的投资者也使股权结构更稳定和多样化。以往这些私有投资的投资门槛较高，只有资金充裕和拥有长远视野的投资者可以投资。

2. 非流动性折价

当前投资私有财产的禁售期长达多年。这些投资通常没有赎回条款，持有者只有等到解禁期才能出售投资，获得流动性。这对于可能在解禁期前需要现

---

① Wikipedia. "Alternative Trading System". Last modified April 4，2018.

② US Securities and Exchange Commission. "SEC Adopts Rules to Enhance Transparency and Oversight of Alternative Trading Systems". Press Release. July 18，2018. https://www.sec.gov/news/press-release/2018-136.

金的投资者来说不是合适的投资。所以许多投资者将避开这种收益颇丰的投资机会。

如果所有权能在二级市场交易，投资者则不需要担心禁售期的问题。只要没有赎回标的资产或基金自身的需要，筹资项目将不需面对不必要的约束。拥有证券型代币，持有者在满足现金流需要方面将有更大的灵活性，而且额外的流动性也可以帮助发现投资机会的贴现价格。

公开流通的资产和相同的私有财产价值上的差异通常被称为"非流动性折价"，有时也称为"流动性溢价"——通常是公开流通资产价值的 20%～30%[1]。这是一个极具吸引力的价值，也为证券型代币的应用创造了绝佳的机遇。证券型代币为项目提供了一个更简单的获取流动性的渠道。通过 ATSs、电子公布系统、交易所的应用，将更高效匹配交易双方。

3. 交易费用

通过数字化所有权和创建交易市场，将流动性相对较差的资产代币化能大大降低所有权变动带来的摩擦。目前由于资产自身性质不同和其他因素，交易费是成交价格的 2%～15%[2]。交易费用包括支付给律师、经纪人、公证人、会计和其他服务提供商的费用。最重要的是，交易过程可能要花费很长时间。区块链包装器能将交易费用降至成交价格 1%以下，而且缩短了交易时间，从这个方面来看区块链确实具有革命性和颠覆性的技术[3]。

9.9　结算与清算

作为证券型代币重要支撑的分布式账本技术有利于创建一个现代的结算和清算平台。在金融市场，可以在交易所或场外市场交易资产。当执行交易时，交易双方同意以一种资产交换另一种资产，通常现金至少涉及交易的一方，但这仅仅是交易所规则或有关各方商定条款规定的承诺。经过一系列标准流程和审查后才会有实际的资产交换。清算是其中必不可少的流程之一，将支付承诺转变成真正的资金流动。结算则是交付证券履行承诺的过程。就证券交易而言，在实际资产合法交换之前，至少需要一个或多个交易日才能完成交易相关的系列流程。

---

① Nathan Krishnan S，"Equity Levels of Value: The Logic Behind Premiums and Discounts"，Toptal，Accessed April 1，2020，https://www.toptal.com/finance/valuation/value-of-assets.

② Jonathon Ford，"The exorbitant privilege enjoyed by private equity firms"，FT，September 8，2019.

③ Stuart Pinnington，"Blockchain and private equity: a marriage made in heaven？"，Private Funds CFO，October 15，2018，https://www.privatefundscfo.com/blockchain-private-equity-marriage-made-heaven/.

如果我们从其他熟悉的角度考虑清算和结算过程，可能会更容易理解。在美国，当在市场出售房屋时，买家会和卖家联系，商定购买的价格和日期。但这不是交易的结束。在转移实际的所有权之前有一段时间的时滞，称为"交割期"。在这个时间窗口，达成协议的各方会采取各种各样的措施来确保他们即将得到的房产与期望相符，包括检查房屋的产权是否存在缺陷、确认购买者是否有获得信贷的能力、在约定出售前检查房屋是否存在没有发现的问题。这些措施都是为了保证交易不会出现偏差。在许多方面，房地产市场交割的过程概念上与证券市场清算和结算过程相似。这种类比为我们思考结算和清算的基本原理提供了框架。

9.10　结　算　风　险

结算风险是指交易中一个交易对手未能成功履行交易协议的威胁，也指由于各种阻止或延迟结算的情况，如政权更迭、自然灾害（包括全球疫情和停产停工）、系统性冲击和其他重大事故等结算过程不能按时完成可能引发的意外后果。虽然结算风险发生概率较低，但在金融系统承压时，结算风险的发生概率和人们对结算风险感知力都会有所增强。在结算失败的案例中，一个或多个交易对手可能遭受重大损失。

数字证券使交易和结算可以同时发生。过去交易后至少三个工作日才能进行证券和资金的实际交付。如果期间有假期或周末，结算等待时间更长。证券型代币允许合并所有结算和清算流程。未来投资者能期待瞬间完成交易，而不是在几天内多次核对账户。

由于内在的功能，证券型代币比现在的金融系统能提供更完善的所有权证明。基于区块链，所有权和资产托管链条会十分清晰。技术避免了复式会计记账问题，并就有关基础资产是否实际存在提供了更多的证据。

便捷性和降低风险的能力是数字证券吸引人们的两大驱动力。如果人们在一个诚信和开放的市场中遵守承诺，结算风险不是重要的影响因素。但我们生活在一个不完美的世界，结算风险仍然存在。区块链的可信计算能降低甚至消除结算风险。而且完成交易的速度和容易程度将通过代币大幅提升。如果人们可以选择立刻完成交易，有谁会愿意等几天呢？就像奈飞公司的 DVD（digital versatile disc，数字通用光盘）邮寄业务最终被其流媒体服务取代一样，金融机构提供的过时的结算服务很快也将被提供新兴技术的企业取代。投资机构和发行人将会发现发行代币是一种绝妙、必要的取悦用户和投资者的方式。这些都促进了金融市场应用证券型代币和相关协议。

行业趋势：实时区块链结算

Paxos 信托是一家位于纽约的金融服务机构，也是数字 Paxos 美元的创造者，已经为几家在美国上市交易的公司推出了基于区块链的结算平台。Paxos 与瑞士信贷银行和法国兴业银行这两家重要的投资银行达成合作。这两家投资银行将使用 Paxos 的服务，希望降低成本和促进各自金融基础设施的现代化。SEC 批准了 Paxos 和这两家投资银行的合作，前提是每只股票最开始经 Paxos 清算的交易额低于总交易额 1%。这将使 Paxos 成为一个典例来证明其结算系统是否确实具有降低成本、促进金融基础设施现代化的能力和可靠性[①]。

历史视角：2008 年全球金融危机

2008 年 9 月，全球金融市场混乱不堪。这场危机始于一年前的次级贷款市场和承担了过多债务的公司。随着时间推移，灾难蔓延至房地产、银行以及经济的其他领域。

随着价格的不断下跌，市场恐慌情绪弥漫。虽然有很多因素引起价格持续下跌，但几家大型机构对流动性的迫切需求加剧了价格的螺旋式下跌。目前的金融体系运行基于一个前提，即支付与证券的交换将在市场交易完成后几天，有时甚至是几周内进行。几乎在每种交易类型的结算中，都会出现这种明显的时滞。这种结算体系必然会加剧金融危机的深度和广度。

为什么呢？正如之前所提到的，几家大型金融机构急需现金获取流动性，满足监管要求，以达到债权人和监管机构的要求。许多抵押贷款公司、银行、交易商都濒临破产，它们的交易对手也不能承担未来一段时间才能结算的风险。这使金融体系变得异常脆弱，也表明了任何一家金融机构的倒闭都可能影响整个金融体系。如果交易对手资不抵债，由于所有权链条的破裂，将没有办法交易尚未到期或临近到期的头寸。市场因此丧失了流动性，价格暴跌到不可思议的低水平。这场金融危机表明我们的金融体系一直都存在结算风险。

未来由于区块链技术不需要在交易日期和结算日期之间设置过渡期，结算风

---

① Gertrude Chavez-Dreyfuss, "Paxos to launch settlement of U.S.-listed equities after SEC's no-action letter", Reuter, October 28, 2019.

险可能不复存在。任何时候都不应该有任何关于用证券型代币转让所有权的争议，任何成功市场的关键要素——信任也是不容置疑的。因此，证券型代币的透明、及时、高效将创造一个更加活跃、稳定的金融市场。

9.11　市场将走向何方

数字资产交易可能会蓬勃发展。数字资产在提高合约质量、降低交易对手风险、瞬间结算、提供更优质的金融产品方面的潜力促进我们交易数字资产。数字资产已经有很多突破。例如，瑞士的证券法允许利用区块链进行结算；以移动应用为驱动力的零售商店已经形成，并在不断改进；欧洲和非洲的法律已经许诺证券型代币的创建是合法的。更多令人激动的故事、产品、可能性几乎每天都在出现。许多人相信证券型代币会成为主流，最终替代场外市场和传统的股票交易所。证券型代币理论上有无穷的可能性——前方是一段美妙的旅程！

9.12　行业趋势：证券交易所和分布式账本技术

在世界各地，成熟的证券交易所正在利用分布式账本技术和区块链，为金融市场基础设施即将到来的变化做好准备。这些证券交易所认识到分布式账本技术和区块链将改变整个社会货币的未来和投资方式。下文举例说明全球性组织应用分布式账本技术和区块链采取的措施。

1. 印度证券交易委员会成立了咨询委员会，探寻区块链改进和深化印度证券市场的途径。印度位于孟买的国家证券交易所正在通过概念证明的方法测试区块链，学习智能合同和区块链的其他方面如何提升金融体系的效率和透明度[①②]。

2. 德国最大的股票交易所德意志交易所和电信巨头瑞士电信正在建立一个"可信的数字资产生态系统"。利用区块链技术，创建集发行、托管、交易于一体的全新体系。德意志交易所已经宣布将基于区块链开发证券借贷系统和更高效的结算平台[③]。

3. 泛欧证券交易所是世界上第六大公司制股票交易所，拥有巴黎、阿姆斯特丹和布鲁塞尔股票交易所。它向 Tokeny 投资已经超过 500 万欧元（Tokeny

---

① David Pimentel，"Securities and Exchange Board of India to Study Blockchain"，Block Tribune，August 17，2017.

② Parnika Sokhi，"India's biggest bourse steps closer to blockchain adoption"，IBS Intelligence，Accessed April 1，2020.

③ Yogita Khatri，"Deutsche Börse，Swisscom Team Up to Build Digital Asset 'Ecosystem'"，CoinDesk，March 11，2019.

是一家作为证券型代币发行人平台的金融科技公司）[①]。

4. SIX 瑞士证券交易所（其前身为 SWX）是瑞士最大的股票交易所，同时也交易其他证券，如瑞士国债和股票期权等衍生品。它已经宣布了其发行全新的 SIX 数字交易所（SIX Digital Exchange，SDX）交易平台的计划，SDX 交易平台将利用区块链技术提高交易质量以及处理证券型代币相关产品的交易[②]。

5. 澳大利亚股票交易所（The Australian Stock Exchange，ASX）与几家金融科技公司达成合作，将分布式账本技术应用于目前的交易平台。修改后的交易平台原计划于 2021 年春季开放运营[③]，后因技术原因，宣称放弃。

6. 2019 年第三季度，美国洲际交易所发布了面向数字市场受监管的基础设施技术：Bakkt。这个平台使机构能交易和托管加密资产，主要针对比特币。

"我坚信，通过推动数字钱包、交易处理、支付接受度的整合和效率，商家和消费者可以通过数字资产进行密切互动，这是之前从未考虑过的方式。人们常说当消费者不需要思考数字资产背后的技术时，数字资产就成功了。"

——迈克·布兰迪娜，Bakkt 的首席产品官[④]

9.13 本 章 小 结

1. 代币本质上比纸质证券可交易性更强，能提供更多功能。

2. 代币化能改善流动性选择，减少交易摩擦。

3. 当发行代币时，发行人必须遵守代币上市地的法律法规。

4. 世界各地的代币交易平台正在开发中，相关的技术、人员、标准和必要的支持服务将促进代币交易。

5. 凭借先进技术，证券型代币有可能降低甚至消除结算和清算成本、时间、风险。

6. 一些国家自称为数字友好型区域，通过法律法规支持区块链、证券型代币方面的创新创业。

7. 很多人相信证券型代币的优势总有一天能取代场外市场和传统的股票交易所。

---

① Carol Gaszcz，"Euronext invests €5M in blockchain fintech Tokeny Solutions"，The Block，July 5，2019，https://www.theblockcrypto.com/linked/30222/euronext-invests-e5m-in-blockchain-fintech-tokeny-solutions.

② Oliver Hirt，"Swiss exchange SIX to launch blockchain bourse in second half"，Reuters，February 6，2019.

③ William Foxley，"Australian Securities Exchange Building New Blockchain Platform With VMWare，Digital Asset"，CoinDesk，August 28，2019.

④ Nikhilesh De，"Bakkt to Launch Crypto 'Consumer App' in First Half of 2020"，CoinDesk，October 28，2019.

第10章 "DeFi"：电子借贷和贷款行业的未来

1. 区块链将极大改进贷款的发放和服务方式。
2. "DeFi"将催生大量新的贷款创新产品。
3. 围绕加密资产的借贷，已经形成了一整套新产品。

本书的重心是证券以及区块链将如何改善公开金融市场，但不能忽视的是，数字化也对个人贷款和商业贷款市场产生了深远的影响。使用分布式账本技术的新产品陆续被开发问世，用于住房抵押贷款、汽车贷款、设备融资等。这些途径成为社会从区块链获益的另一个重要方式。

因此，"DeFi"成为当今数字领域新闻的最热门话题之一。它是 Decentralized Finance（去中心化金融）的缩写——该领域在过去两年中迅速扩张，并且重要性与日俱增。每周都有越来越多的项目以去中心化的方式进入市场。

未来，由于区块链技术为市场注入了巨大的节约成本和扩展增值服务的潜力，贷款行业将继续发生重大转变。通过为借方、贷方和监管机构提供可信赖的环境，分布式账本技术正在重构数据共享的方式和贷款政策的制定方式。这些突破可以实现更快、更透明的贷款处理，并提升客户获得贷款的整体体验。同时，区块链将提供多种措施来保护市场参与者的隐私、保持最新动态并确保出色的记录存储。

10.1 加 密 借 贷

一个全面的围绕加密货币的借贷市场已经建立。几家头部公司已推出可以用加密货币及其他数字资产作抵押的现金贷款。加密借贷的概念非常简单：希望获得贷款的数字资产持有者会将其代币存入贷方账户，贷款人将根据几个因素确定借款人可以获得多少资金，具体包括：①贷款价值比，即借款需求金额和抵押资产价值的比例；②数字抵押品的价格波动性；③其他风险因素；④标准化 KYC 和 AML 检查结果。

如果申请过程一切顺利，贷款人将根据订立的条款向借款人提供相应数量的现金。通常，这些贷款是超额抵押的，即抵押品的价值高于贷款的金额。这意味着与传统的融资形式相比，加密贷款的风险可能较低，违约的可能性可以忽略不计。如果借款人未能偿还欠款，贷款人需要有足够的托管资金来弥补缺口，他可以简单地在市场上出售数字资产，以获得资金来补偿拖欠的剩余到期贷款本息。

　　一旦贷款发放，借款人就有义务偿还本金和随时间推移产生的利息。智能合同将持续监控贷款和抵押品的价值，以确保一切变化都在合同协议范围之内。只要抵押品的价值不低于总贷款余额的一定数额，就不会出现任何有关抵押品或追加保证金通知的问题。如果抵押品的价值相对于贷款金额下跌太多，加密货币或其他数字资产就会被立即出售，以筹集使贷款恢复良好等级所需的资金。

　　由于加密货币市场流动性极强（比特币和以太坊的交易量通常每天达到数百亿美元①），所以这些资产是贷款抵押品的理想选择。如果借款人未能遵守协议条款，贷方可以轻松地在市场上以很低甚至是零成本出售这些代币，如果借款人以贷款协议中约定的可接受方式偿还贷款本息，作为抵押品的数字资产届时将被返还（图10.1）。

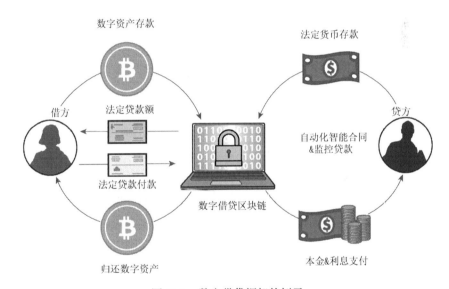

图 10.1　数字借贷框架的例子

　　上文已经提到，数字资产是非常好的抵押品，所以如果借款人未能适当地偿还贷款，贷方有充分的追索权。因此，几乎不需要对借款人的品质和能力进行广泛的信用检查。这意味着与传统贷款相比，加密贷款的审核成本有限，收账费用较低。

　　对于拥有大量数字资产的人来说，加密贷款具有许多吸引人的特点。它很可

---

① CoinMarketCap. "Top 100 Cryptocurrencies by Market Capitalization". Rankings. Accessed April 1，2020.

能是获得所需的法定货币、同时保持对标的资产控制的一种经济高效的方式。借款人可以尝试购买房屋、分散投资组合、开展新业务或偿还更高利率的债务。通过获得基于加密货币的贷款，借款人还可以避免支付与直接出售其加密货币相关的税款。此外，借款人仍然可以享受到加密货币在贷款期限内可能经历的资本增值，即允许借款人保持对其标的资产的所有权，同时获得他们需要的资金来资助其生活费用或希望承办的项目。

加密贷款能够采取多种形式：贷款可以通过中间托管人、衍生品合约或 P2P 网络进行。就特定贷款平台受到的监管水平及其产品形式而言，管辖权是一个关键因素。此外，这些平台之间的利率、融资条款和披露水平一般存在较大差异，因此在达成协议之前仔细审查基本规则至关重要。

10.2　赚取加密货币的利息

这些贷款的一种融资形式是贷方承诺使用加密货币来获取收益。因此，比特币、以太坊、USDCoin 或其他形式的数字资产可以赚取利息[1]。这为加密货币等数字资产的持有者增加了一种新的收入形式，并为投资者建立长期财富提供了一个强大的金融工具。考虑到当今大多数主要发达国家的利率很低[2]，甚至是负利率，这种被动收入的收益率相对而言很有吸引力。

假设你有 5 个比特币，并且有借贷平台提供 5%的比特币利息。如果你决定在平台上存入你的代币，那么你可以预期在年末拥有 5.25 个比特币（最初的 5 个比特币加上 0.25 个比特币利息）。你的总回报包括赚取的利息，但也取决于比特币价格的波动。虽然 5%的利息肯定会提高你的总回报，但它很容易被比特币价格的不利下跌所抵消。因此，市场的贷方必须愿意承担潜在的加密货币价格波动的风险。所以当这些加密货币的投机性质消退时，投资者可能会更适应这种类型的创收投资。

另一个需要注意的地方是，与借款人的情况一样，出借加密货币的人最好进行条款和条件的选择。虽然通过加密货币赚取利息的原理相当合理，但了解对方风险仍然至关重要。即使标的贷款可能良好，如果平台本身出现问题，贷方也可能会发现自己承担了损失。因此，贷款平台的管辖归属、信用质量、信息披露、财务资金、获得保险的状况、声誉、信托状况和其他相关因素都应被认真检查。

---

① The Block. "Crypto Credit & Lending". Theblockcrypto.com. Accessed March 29，2020.

② Daniel Strauss，"Trump has ramped up calls for negative interest rates. Here's what they are and why they matter"，Markets Insider，September 11，2019.

10.3 区块链中的贷款

加密借贷只是未来几年将出现的更大趋势的前奏。区块链可以通过简化、改进和加速整个融资链条来改变我们传统的获得贷款的方式。贷款数字化将缩短融资时间，提高贷款过程的透明度，使贷款服务更便捷，并完整安全地储存有关文件。

当今的借贷行业，仍主要是靠纸质凭证和人工录入，容易出错和录入不完整。发放贷款的所需信息也流动缓慢，容易受到操纵，而且很容易丢失、滥用或被盗。

分布式账本技术是推动借贷市场改革的理想工具。其去中心化的方式允许贷款的有关各方跟踪资产、监督融资协议或契约、管理现金和更好地评估风险。如果设计得当，分类账本能让参与者保持准确、实时和合适的工作流程，以监控贷款价值转移的所有步骤。这些功能使承销商、保荐人、评级机构、服务机构、监管机构和投资者可以在整个贷款周期里精简相关操作，并检验贷款的状态和真实性。

随着越来越多的人使用区块链来扩大信贷规模，市场将变得更加自由和透明。随着更好的监督、更强有力的投资者权益保护和更严密的审计追踪成为现实，资本将被更有效地分配，风险也会降低。简而言之，区块链有利于促进贷款结构和贷款维护的几乎所有方面。

10.4 抵 押 贷 款

抵押贷款是使用不动产作为抵押的债务工具。购房者在购买房屋、办公楼或其他房地产时，签订抵押协议以获得资金。抵押贷款属于法律合同，允许贷款人将借款人的财产留置，直到贷款全额偿还。

任何获得过抵押贷款的人都知道整个过程是多么的枯燥、耗时和昂贵。有时候，你不得不与各种各样的人打交道：银行职员、抵押贷款经纪人、会计师、房地产经纪人，可能还有政府官员。这个漫长的过程充满了来自监管和企业方面的障碍。你必须提供各种文件：身份证明、信用记录、税务文件和工作证明……这还只是冰山一角。

抵押贷款是一个文件密集型过程。监管机构制定的法规和金融机构制定的贷款标准都要求保护有关贷款的各种文件，并在整个过程中保证适当的监管链。由于法律保护基于这些文件，所以它们具有重要的经济价值。如果这些文件丢失、篡改或损毁，其价值就会受到影响。更麻烦的是，当今的抵押贷款市场高度分散，需要众多的金融机构和其他中介以合规的方式向借款人发放资金，在这些实体之间转移纸质文件可能会导致各种问题——所有权丧失、付款失败以及对权利和物件的归属缺乏清晰的理解。

数字技术有望改变当前的这种格局。通过应用区块链，贷款结算过程变得简单、直观、完整和数字化，交易的所有内容都在分类账本中记录和跟踪。参与各方可以在文件中应用网络安全数字签名和防篡改印章，从而确保它们在整个过程中的真实性。所有相关文件的副本随后会被安全地保存在区块链上，因此可以在有任何需要时访问。通过使用分布式账本技术，银行和其他贷款机构在贷款发放中可以不再使用纸质记录，而是创建一个更加透明、易懂且易于访问的结算流程（图 10.2）。根据埃森哲（Accenture）最近的一项研究："抵押贷款行业是受益于分布式账本技术的生态系统的一个典型例子——它是一个高度复杂的交互关系网络，充满了数据校对和验证，而这增加了整个流程的成本和时间。围绕分布式账本技术平台搭建生态系统可以将贷款周期缩短最多80%，从而减少低效运行，改善客户体验。分布式账本技术平台可以将贷款发放成本降低 40%以上，服务成本还能额外降低 10%～15%。该行业的成本节省估计共超过 250 亿美元。"[1]

图 10.2　区块链抵押如何运作[2]

---

① Accenture. "Mortgage and Blockchain: Ready for Disruption？". Accenture Credit Services. Accessed April 1, 2020.

② HomeLoanExperts. "HowABlockchainMortgageWorks". BlockchainMortgage. Accessed March 21, 2020.

　　抵押贷款的周期经历多个阶段：贷款发放、验证财产和所有权、结算、服务和证券化。区块链将确保采取所有必要措施来完成一项完全合规的贷款。如果忘记签名，或缺少必要的数据项，或未进行相关披露，则不会继续进行贷款流程。只有在所有阶段都完成后，区块链才会继续后面的步骤。区块链还会加密信息并分割数据，以便只有了解特定交易的相关方才能读取或更改分类账本，任何信息都不会丢失或被恶意更改。这些特性是区块链将在未来数年对抵押贷款行业产生颠覆性影响的主要原因。

案例研究：Figure Technologies 公司和 Provenance 区块链

　　房屋净值信贷额度（home equity line of credit，HELOC）是一种允许房主以其房屋的净值借钱的贷款。贷方允许借款人在预定的时间范围内获得特定金额的现金。与抵押贷款不同，HELOC 不会预先向借款人提供所有资金。相反，借款人可以根据需要选择获得多少资金，直到达到贷款协议的最高限额。HELOC 在某些方面类似于信用卡，但与抵押贷款一样，也使用不动产作为抵押品。以上的特点使 HELOC 的利息一般远低于信用卡。

　　由于 HELOC 的利率较低，消费者通常将其作为稳定债务和减少每月利息支出的工具。美国的房屋净值总额十分惊人，估计有数十万亿美元[①]。如果能够以更有效和更经济的方式恰当利用这种筹资途径，就可以改善经济的整体健康状况。

　　不幸的是，获得 HELOC 要面对很多棘手的问题：文件处理工作相当繁重，审批时间根据借款人的个体情况，可能需要一个月甚至更长时间。申请过程代价不菲，由此产生的交易成本短时间内就可能变得高昂。于是，最终这种融资方案的吸引力大打折扣。

　　区块链贷款初创公司 Figure Technologies 开发了创新性的房屋净值贷款解决方案，以完善 HELOC 市场。通过使用 Provenance 区块链，Figure Technologies 能够进行 HELOC 贷款的发放、融资和证券化。房主可以线上申请贷款，并在短短五分钟内获得批准。随后，资金仅需五天时间就可以到借款人手中。显然，这是一个巨大的飞越。

　　那么 Figure Technologies 是如何提供远超竞争对手的替代方案的呢？Figure Technologies 使用了区块链来脱离人工任务和信贷中介。例如，Figure

---

　　① Kathleen Howley，"U.S. home values reach a record high of \$26.1 trillion in Q1，Fed says"，Housing Wire，June 6，2019.

Technologies 的分布式账本技术流程消除了对审计员、托管人和其他第三方的硬性需要，通过省去这些传统信贷中的必要组件，代理成本减少了大约一半[①]。

　　Provenance 区块链是一个具有证明效力的例子，它展示了抵押贷款类产品将从接纳数字化中受益多少。Provenance 已经发放了超过 10 亿美元的贷款。根据公司估计，数字化带来的高效率使利润率提高了 1.25%[②]。由于抵押贷款的利润率通常是较低的个位数，所以这个提高带来的新增收益是巨大的。这些节省最终使房屋产权的成本下降。

　　"随着融资机制的建立，Provenance 可以支持整个端到端的贷款融资——从发行到拨款、服务、融资。它为第一次链上证券化铺平了道路，展现了区块链带来的大幅成本节约、风险降低和流动性优势等好处。"

　　　　　　　　　　——迈克·卡格尼，Figure Technologies 首席执行官兼联合创始人[③]

　　区块链在借贷行业的发展前景非常广阔。虽然我们在本章中只讨论了几种可能结果，但也可以延伸到贷款的许多其他领域，包括为以下业务提供融资：①贸易融资和信用证；②分期收款销货；③租赁融资；④债务担保；⑤教育贷款；⑥农业贷款；⑦过桥贷款和夹层贷款；⑧应收账款融资；⑨诉讼融资；⑩小额贷款。

　　更多可能的效益还尚待探索。由于区块链自有的透明性和中间人的省去，贷款人将获得更高的回报，借款人则将享受更低的资金成本，所有各方都将更清晰地了解风险。区块链带来的解决方案有望强化市场并促进金融体系的健康发展。

历史视角：2007 年次贷危机

　　从 2003 年到 2006 年，美国房价飙升。经济强劲增长、人口结构良好、立法鼓励购房、宽松的贷款标准导致房地产价格迅速上涨。房地产市场情绪高涨，投资者被投机热情所笼罩，大多数人都认为这次繁荣不会停止。

---

　　① Allen Taylor, "Go Figure: Putting HELOCs and Lease Backs on the Blockchain", Lending Times, October 9, 2018.

　　② PYMNTS. "Figure's Mike Cagney on How Blockchain Is Reinventing Lending". Blockchain. December 10, 2019. https://www.pymnts.com/blockchain/2019/figures-mike-cagney-on-how-blockchain-is-reinventing-lending/.

　　③ Jessica Guerin, "Figure Technologies lands $1 billion blockchain investment to revolutionize HELOC lending", Housing Wire, May 9, 2019.

不幸的是，好景不长，美国房地产市场的泡沫破灭了。到 2008 年，整个市场呈现自由落体式状态，房价经历了自大萧条以来的最大跌幅。

第一轮暴跌发生在 2007 年 3 月，让当时的次级抵押贷款行业濒临崩溃。几乎在一夜之间，新世纪金融等次级贷款公司损失惨重，宣告破产，拖欠贷款大幅增加[①]。投资者开始担心次贷市场的疲软最终会渗透到更庞大的房地产市场乃至整个经济体系中。

次级贷款是一种为信用水平相对较低的人设计的金融产品。由于偿还贷款的能力存在问题，次级贷款借款人要支付更高的利率，适用更严格的贷款条件，以弥补他们更高的风险[②]。

尽管导致 2007 年形势恶化以及次级贷款未能持续的原因有很多，但如果区块链当时能被应用，可能有助于减轻危机的程度。以下是 2007 年发生的一些情况以及区块链在未来将如何防止或减轻这些不良行为的几个例子。

1. 欺诈性贷款

随着银根的放松，贷款人急于提供贷款和赚取费用。因此，一些抵押贷款经纪人要么自己提供不准确的信息，要么怂恿或直接要求借款人在贷款申请中提供不准确的信息，这导致原本应被拒绝的贷款得到发放。由于检测不良贷款的保障措施不足，投资者投资了不符合他们预期标准的贷款，直到借款人无法偿还贷款时，这种欺诈行为才被发现，然而为时已晚！

在区块链系统中，所作记录可以经多个来源得到检查，无缝输入并存储在分类账本上，不用担心信息被篡改。这创造了一个透明的市场，每个用户（或投资者）可以实时跟踪实际情况。

2. 欺诈性借款

由于房价似乎不会停止增长，许多人希望尽早采取行动——未来房价上涨有利于抵押贷款借款人。因此，不乏在申请贷款时铤而走险、采取欺骗手段的人，他们伪造了自己的工作经历、收入水平和资产记录。

许多借款人认为，当他们发觉自己无法偿还抵押贷款时，可以在繁荣的市场中迅速出售房屋以获得收益，出售所得即用于偿还贷款。然而，当房地产市场突然崩盘时，许多人发现自己处于无法出售房屋的境地，疯狂抢夺流动性使房价又进一步急剧下跌。

如果在贷款发放过程中使用区块链程序，就很可能会检测到高风险信号，因为有关收入和其他财务因素的信息会相互矛盾。于是，这些贷款基本上一开始就不会被批准。

---

① Wikipedia. "New Century". Accessed April 17，2020.

② Wikipedia. "Subprime mortgage crisis". Accessed April 17，2020.

3. 文件不完整

无论何时发放贷款，法规都要求有各种签名的表单和披露的信息。如果这些流程没有被有效执行，就有理由认为贷款在法律上无效。

在次贷危机期间，许多明知无法偿还贷款的借款人采取了一种策略，声称贷款合同处于非法状态，因此自己不能被强制付款。如果借款人能够证明某些必要的签名缺失，或者文件没有经过应有的公证，或者某些重要事实没有透露，那么为了借款人的利益，整个贷款合同可能被判无效。

这种策略至少延迟了投资者对其资金的追索，最糟糕的情况是导致投资者彻底无法收回贷出的资金。然而，如果应用区块链，则必须在资金发放之前走完流程所需的所有步骤，违约的借款人将无漏洞可钻。

4. 文件缺失

在止赎过程中，许多债券持有人因为不能证明贷款是可强制执行的，从而无法收回本金或利息。随着时间的推移，用于发放贷款的原始文件会与赋予贷款收益权利的债券相分离。如果没有相应的文件，投资者就无法证明他们有权获得预期的收益。在许多情况下，纸质文件长期丢失，或者追踪它们的成本高昂，令投资者只能选择放弃[1]。

区块链从根本上改变了金融业的运行方式。较早使用该技术的公司能享受到更高的利润率、更低的成本、更低的风险和更高的流动性。客户会喜欢更短的审批时间、更少的文件处理、更小的精神压力。总的来看，这种改变会降低资本成本，并有助于使贷款市场更好地运行。

10.5　本 章 小 结

1. 区块链可以通过简化、改进和加速整个融资链来改变我们传统的获得贷款的方式。

2. 区块链技术为市场提供了巨大的节约成本和扩展增值服务的潜力，使贷款行业未来将继续发生重大转变。

3. 借助分布式账本技术，银行和其他贷款机构可以在贷款发放过程中免用纸质文件，从而以端到端的方式使结算流程完全透明。

4. 一个全面的围绕加密货币的借贷市场已经建立。今天，几家头部公司已推出可以用加密货币及其他数字资产作抵押的现金贷款。

---

[1] John Dunbar and David Donald，"the Roots of the Financial Crisis：Who's to Blame"，Public Integrity，May 19，2014，https://publicintegrity.org/inequality-poverty-opportunity/the-roots-of-the-financial-crisis-who-is-to-blame/.

5. 比特币、以太坊、USDCoin 和其他形式的数字资产可以赚取利息。这为加密货币等数字资产的持有者增添了一种新的收入形式，并为投资者建立长期财富提供了一个强大的金融工具。

6. 由于区块链自有的透明性和中间人的省去，贷款人将获得更高的回报，借款人则将享受更低的资金成本，各方都有更多的机会更清晰地了解风险。区块链带来的解决方案可以强化市场并促进金融体系的健康发展。

第 11 章　数字化使用

1. 使用区块链解决方案的人数可能将会继续呈指数级增长。
2. 千禧一代被定位为使用区块链的关键人群。
3. 基于区块链的证券仍需要在隐私和安全方面做更多工作。
4. 新冠疫情等事件可能会加速区块链技术和数字资产的使用。

11.1　我们今天在哪里？

"比特币是一种典型的网络效应，一种正反馈循环。使用比特币的人越多，比特币对每个使用它的人就越有价值，下一个用户开始使用这项技术的动力就越足。比特币与电话系统、网络以及 eBay 和 Facebook 等流行的互联网服务共享这种网络效应属性。"

——马克·安德森，企业家、投资者[①]

数字资产在世界各地的流行程度持续增长，这一现象主要是由加密货币的广泛使用引起的。在某种程度上，为了我们的财富和资产而倾向于数字解决方案，是社会对整体技术便利性持续依赖的自然延伸。随着互联网、电脑和移动设备在普通人群中的渗透率越来越高，人们通过这些关联寻找直接管理财务的方法也就不足为奇了。随着加密货币和证券型代币等基于区块链的资产继续提供更好的特性和功能，用户数量在可预见的未来应该会快速增长。

11.2　加密货币的使用

加密货币一直是人们首次体验数字金融产品的典型途径。荷兰国际集团（Internationale Nederlanden Group，ING）进行了一项年度研究，以更多地了解个人如何消费、储蓄、投资和理财。在最近的一项调查中，该集团指出，受访者表示，他们正在收集并学习更多关于数字货币的信息。鉴于新闻文章数量的急剧增加和一些加密货币价值的上升，人们对更多地了解比特币和以太坊等产品表现出

① MarcAndreesen，"WhyBitcoinMatters"，NewYorkTimes，January21，2014.

了浓厚的兴趣。这些结果告诉我们，至少大多数人都听说过加密货币的概念——数字资产的发展是多么惊人！

当新用户习惯使用加密货币时，必须采取的初始步骤之一是首先获取一个数字钱包。通过衡量数字钱包的增长速度，我们可以更好地了解社会是如何学习和使用加密货币的。如图 11.1 所示，全球的钱包数量正在以指数级增长。

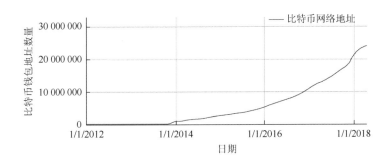

图 11.1　比特币钱包地址的增长速度

资料来源：Blockchain.info[①]

11.3　人口结构简介

只有少数人拥有加密货币和其他数字资产。已有研究调查了哪些类型的人愿意冒险一试并参与其中的问题。Grayscale Investments（灰度投资公司）编制了一份报告，以深入了解公众如何看待作为投资工具的比特币。该研究在 2019 年初对 1000 多名美国人进行了调查。

Grayscale 在它们的结论中指出，典型的投资者欣赏比特币的以下方面。

（1）最低投资额低：受访者喜欢部分所有权的想法，参与其中只需要少量的初始资金。未来可能会采取进一步的购买行动，进一步扩大持股规模。

（2）供应有限：3/4 的参与者偏爱比特币的稀缺性。比特币用来在市场上保持有限供应的透明方法是一个诱人的特点。

（3）资本增值潜力：近 80% 的受访者认为比特币投资有真正的获利潜力。

从人口统计学的角度来看，这项调查揭示了一些有关感兴趣的投资者的情况：①年龄略小一点：尽管人们普遍认为加密货币只适合年轻的投资者，但比特币投资者的平均年龄仅比普通公众的平均年龄低 3 岁。②略为保守一点：共和党人比

---

① Blockchain.info. "Blockchain Wallet Users". Blockchain Charts. Accessed March 21，2020.

民主党人更有可能对比特币领域表现出亲和力。③更有可能是男性：在所有表现出好奇心的受访者中，男性占比 60%①②③。

11.4　按国家划分的利息

数字资产的使用已经是一个全球性的现象，然而不同地方的进度不同。在哪些地方更快是值得注意的主题。政府的不信任或腐败程度较高的国家排名较高。此外，经历高通胀和实施资本管制的国家更可能使用。在这些情况下，加密货币被视为逃避金融抑制和财富没收的一种途径。这些国家的用户认为基于区块链的资产是可信的、有用的和普遍的（图 11.2）。

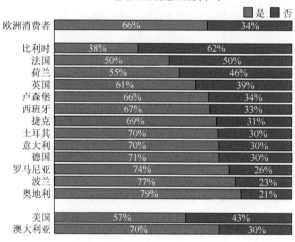

图 11.2　ING 国际调查移动银行结果图示（一）

资料来源：ING 国际调查移动银行——加密货币，2018 年 6 月④

① Grayscale Investments and Q8 Research. "Bitcoin：2019 Investor Study". July 2019.

② Marissa Arnold， "Grayscale Investments Study Reveals More Than a Third of U.S. Investors Are Interested in Bitcoin" ,Globe Newswire，July 25，2019，https://www.globenewswire.com/news-release/2019/07/25/1888060/0/en/Grayscale-Investments-Study-Reveals-More-Than-a-Third-of-U-S-Investors- Are-Interested-in-Bitcoin.html.

③ Yogita Khatri， "Grayscale survey：More than one-third of American investors would consider buying bitcoin"， The Block，July 25，2019，https://www.theblockcrypto.com/post/33406/grayscale-survey-70-of-bitcoin-interested- investors-in-us-are-parents.

④ ING Group. "Cracking the Code on Cryptocurrency". ING International Survey Mobile Banking-Cryptocurrency. June 2018. https://think.ing.com/uploads/reports/ING_International_Survey_Mobile_Banking_2018.pdf.

多数国家都承认加密货币是一种合法的金融工具，一些国家已经通过法律允许其作为法定货币使用。然而，最令人兴奋的一点是，即使在接受度最高的国家，普及率仍然相对较低，还有很大的增长空间（图 11.3）！

拥有加密货币消费者数量有多少？

是　否

国家	是	否
土耳其	18%	82%
罗马尼亚	12%	88%
波兰	11%	89%
西班牙	10%	90%
捷克	9%	91%
美国	8%	92%
奥地利	8%	92%
德国	8%	92%
意大利	8%	92%
澳大利亚	7%	93%
荷兰	7%	93%
英国	6%	94%
法国	6%	94%
比利时	5%	95%
卢森堡	4%	96%

图 11.3　ING 国际调查移动银行结果图示（二）

资料来源：ING 国际调查移动银行调查——加密货币，2018 年 6 月[①]

11.5　历史视角：互联网的应用

要想知道全球各地的人们将如何接受数字证券的概念，最好的方法之一就是了解万维网是如何发展起来的。那么，互联网花了多少年才发展起来呢？最初，与互联网有关的第一次发展是在 20 世纪 60 年代，由美国政府委托进行的，目的是分散计算机系统。这一想法是为了防止军队的通信网络在敌人对一个或多个地点进行攻击时被中断。这个项目在 20 世纪 80 年代被提升到一个全新的水平，因为来自国防部和多所大学的额外资源开发了阿帕网（ARPANET），作为美国大多数军事和学术计算机网络的支柱。到 20 世纪 90 年代中期，基于互联网的技术已在多种商业应用中使用[②]。

然而，从个人用户的角度来看，我们今天所认为的全球互联网实际上是在 1985 年随着域名系统（domain name system，DNS）的建立而诞生的。通过将数字 IP 地址转换为字母、更容易记住的网址，这个协议创造了 ".com"".org"

---

① ING Group. "Cracking the Code on Cryptocurrency". ING International Survey Mobile Banking-Cryptocurrency. June 2018. https://think.ing.com/uploads/reports/ING_International_Survey_Mobile_Banking_2018.pdf.

② Wikipedia. "Internet". Last modified March 11，2020.

和我们今天使用的其他域名格式。例如，"198.105.232.4"这个网站可以用"www.example.com"来调用，这样消费者和普通市民就可以更简单地访问和理解这个"信息高速公路"①。早期的用户和发烧友出于各种目的开始喜欢上这种新的互联网现象，并开始联系起来。到 1997 年底，各种媒体宣称当时最大的互联网门户服务——美国在线，用户突破 1000 万，"征服了网络空间"。随着网速、内容和支付能力的提高，使用网络的人数也在增加——增长率是指数级的。

从表面上看，加密货币正以类似的方式吸引公众。如果互联网使用的衡量标准是有多少人上网，那么区块链的使用标准可能是有多少人拥有数字钱包。两者的相似之处相当惊人。

互联网用了十几年的时间才达到 1000 万用户。比特币的首次发行是在 2009 年 1 月，根据 Statista 的数据，仅仅十年，比特币钱包的持有者就超过了 3000 万（这个数字甚至不包括其他加密货币钱包的使用）。加密交易所的新客户呈指数级增长。如果互联网的历史轨迹可以作为未来发展趋势的指引，那么加密货币的使用量应该会继续呈爆炸式增长。

案例研究：FIO 协议和互联网钱包的可操作性基础

如果你因为读了我的书而感到非常高兴，或者你今天因为某些原因感到非常慷慨，我可以建议你给我转账一些比特币吗？

在你慷慨解囊之前，请允许我提出几点注意事项。

1. 在你发送任何比特币之前，确保输入的地址是正确的。如果你输入错误的地址，即使是一个字母或数字，我不仅不会得到比特币，而且，这些比特币可能会在网络空间的某个地方丢失。最终没有人会得到它们。由于没有管理比特币的中央机构，所以不能联系任何人来逆转交易，并追回你失去的东西。记住，这些交易是不可逆的，没有回头路！

2. 确保你在发送比特币，而且只发送比特币到对应地址。如果你最终发送了另一种数字证券，比如比特币现金或以太坊，那么这份礼物将永远不会到达我的手中，还可能会再次在网络空间的某个地方丢失。

3. 如果交易确实是成功的，我可能永远不会知道它来自你，因为让我知道你确实是发送者的附加消息的机制是有限的。所以先让我为我永远无法恰当地感谢你的礼物而道歉。

---

① Wikipedia. "Domain Name System". Last modified March 8，2020.

老实说，我不相信任何人会发送比特币——这并不是我在这部分试图做的事情的真正目的。我想要展示的是，转移加密货币和使用钱包是多么的可怕、冒险和困难。

加密货币最令人生畏的特征之一是钱包地址。通常，钱包地址是字母和数字的长组合。这是非常复杂和令人畏缩的，特别是对于加密货币的新用户。面对所有这些问题，很多人可能会问自己："我一开始为什么要处理加密货币？"

幸运的是，有一个更简单的方法。FIO 已与 Binance 等几家领先的加密货币公司合作，开发了 FIO 协议。钱包用户可以使用一个易于记忆的 FIO 钱包地址来发送所有的加密货币和数字资产，而不是长而复杂的地址。FIO 地址利用 username@domain 的结构——类似于我们使用的电子邮件地址。

最重要的是，FIO 用户可以直接向其他钱包发送消息和发票等请求。这消除了人为错误，同时提供了关于金额、转账原因和处理加密货币的正确地址的便利。使用 FIO 协议，所有类型的数据都可以与这些请求一起发送。备忘录、发票或收据的附件能够以易于存储的格式包含在内。现在越来越多的钱包使用 FIO 协议，来安全有效地使用数字资产。

FIO 地址提供了许多其他好处，具体如下。

1. 区块链不可知论：FIO 地址应该在货币和代币平台上相同的工作。不管你是使用比特币、以太坊还是其他什么。这包括能够无缝更新货币或代币。

2. 钱包不可知论：FIO 用户可以自由使用大量的钱包产品，并不倾向于操作特定公司的产品。

3. 隐私：当您使用一个独特的、易于记住的名字作为您的钱包地址时，该协议包含加密，以限制他人对您交易的了解。

前文我们讨论了互联网是如何在 1985 年使用 DNS(domain name system, 域名系统) 使网址更容易记忆的。有了 DNS，"198.105.232.4" 这个网站可以用 "www.example.com" 来调用。FIO 协议应该在加密货币和数字资产上创造类似的效果，从而促进钱包产品和服务的应用。

在继续之前，我再给你一个选择，如果你因为某种原因还想送我一份电子礼物的话，如果你有一个启用 FIO 的钱包，你可以在这里给我发送一些东西：

BAXTER@EDGE

该地址接受多种类型的数字资产，包括比特币、以太坊、Chainlink、泰达币、USDCoin 等！如果你真的想要一个"谢谢"，只要把你的名字和联系方式写在备忘录里，我一定会很快给你回复！

希望我现在已经证明了我的观点，以这种方式进行数字交易要容易得多！

"如果这项技术要扩大，加密支付必须改进。FIO 的方法是去中心化的、跨链的，并带有财务激励，这是令人兴奋的，我们很高兴能支持它。"

——埃里克·沃里斯，ShapeShift 创始人兼首席执行官[1]

"规范使用人类可读的地址是实现区块链长期、大规模使用的关键。我们很自豪能与 FIO 合作，推动该技术的可访问性，并朝着一个人人都能参与的去中心化未来努力。"

——马克西姆·布拉戈夫，Enjin 的首席执行官[1]

11.6　下一波用户潮

那么，怎样才能让数字化资产成为主流呢？数字资产可能会首先被那些面临高额银行成本或金融系统不存在或效率较低的地区的人购买。但数字产品也应该得到那些在技术和投资方面最成熟的人的青睐。

11.7　千　禧　一　代

在全球范围内，千禧一代是代表着 26 亿人的轰动一时的人口群体，他们在互联网的伴随下长大，对科技有着浓厚的兴趣。因此，这一代人更有可能尝试和使用新事物。加密货币和基于区块链的应用也不例外。

2016 年，Facebook 委托进行了一项研究，调查了 2.5 万人，并从另外 7000 万用户的 Facebook 对话中收集了数据。参与者的年龄在 21 岁到 34 岁之间。这项研究的目的是更好地了解千禧一代的财务习惯。调查结果涵盖范围很广，其中一个基本主题是，千禧一代对金融公司和银行普遍反感。更具体地说，92%的受访者表达了对银行的不信任——大约 1/3 的人表示，他们认为自己在五年内不会需要一家银行[2][3]。也许更令人惊讶的是，另一项研究发现，超过 70%的人

---

① FIO Foundation. Homepage. Accessed April 6，2020.

② YPULSE，"Millennial Banking Update：Losing Patience，Spending Less，& Going Mobile". Finance. July 28，2016.

③ Even Financial. "Facebook Report Exposes Millennials' Financial Frustrations". Blog.

说他们宁愿去牙医诊所，也不愿去银行分行①！年轻人显然希望找到另一种理财方式。数字证券似乎是一个自然的选择！

11.8　机构投资者

机构投资者可以被认为是华尔街的"大男孩"或"街头大猩猩"。包括可能为养老金计划、捐赠基金、基金会、大学或主权财富基金来管理基金的团体。这些公司通常拥有额外的手段和复杂的知识，使它们能够获得通常不向一般公众开放的各种投资选择。

几家知名的大型机构对数字资产表达了投资兴趣。鉴于比特币等加密货币在过去 10 年带来的难以置信的收益，即使是对数字资产进行少量分配也可能会使整体利润大幅增加。在这个时候，许多养老金计划和其他组织正经历着巨大的压力，因为它们资金不足。挤压成本、增加投资机会、提高回报的需求从未像现在这样迫切。

但是现在有几个障碍阻碍了数字代币的使用。最大的障碍可能是保管要求。法律通常要求机构管理的资产由合格的托管银行持有，托管银行可以提供保障和其他专业的金融服务。数字资产的保管，尤其是加密货币，会有点棘手。在监管过程中的所有问题都解决之前，机构可能不会进入这个领域。2019 年 6 月，Greenwich Associates（格林威治联营公司）发布了一份调查多位金融领域领导者的报告。这些高管表示，"缺乏监管清晰度"是使用证券型代币的最大障碍②。这些问题得到解决之前，各机构可能会继续观望。

11.9　代币化的障碍

学术研究表明，人们更容易被有形的、熟悉的产品或服务所吸引。因此，由黄金、财富 500 强公司的股票或标志性房地产等支持的证券型代币，可能会被证明是合适的。然而，投资者还应该考虑其他一些关于区块链本身的隐私和安全的主要问题。

11.10　隐　私　权

由于各种各样的原因，人们可能希望对自己持有的头寸规模或与其投资

---

① Zach Conway，"Why More Millennials Would Rather Visit The Dentist Than Listen To Banks"，Forbes，April 19，2017.

② Greenwich Associates. "Security Tokens：Cryptonite for Stock Certificates". June 6，2019.

相关的交易活动保持一定的匿名性。有些人很注重隐私，不想让别人知道他们的事情；还有一些人可能想要把信息留给自己，以防止他人利用。一些证券发行者不想让他们的证券型代币在一个人人都能看到的平台上交易，也不想让任何个人都能获得代币。因此，你可能会发现一些项目被私人区块链所吸引，这些区块链只允许获准的投资者进行交易。无论原因是什么，在确定此类隐私问题的解决方案之前，目前使用在区块链上的方法可能不适合某些市场。

假设你拥有比尔·盖茨的财富，你对一块土地感兴趣，你感兴趣的那块土地的价格会发生什么变化？土地所有者可能会开始看到美元的符号在他们的头脑中闪过，并立即提高他们对那块土地的估值。另外假设你想出售你在像微软这样的公司的大量股份。如果市场听到风声，一些人也会为了避开即将涌入市场的潜在股票洪流而开始抛售。鉴于一个大的所有者放弃了这么大的头寸，买家将会对投资充满怀疑。缺乏隐私会阻碍你的流动性！如果市场注意到区块链的一个高价值账户在改变其权重，也可能是同样的情况。

现在在市场上有一些解决方案可以帮助解决隐私问题。数字身份可以与多个账户或钱包相关联，并对链上的其他用户保密。然而，要实现这一点，需要适当的基础设施。到目前为止，似乎还没有一个普遍接受的标准来说明如何做到这一点。在这个问题得到回答之前，人们会回避使用证券型代币。

11.11　量 子 计 算

量子计算将是我们社会的一个重大突破，因为与我们现在拥有的相比它将使机器的计算速度以指数量级增长。量子计算在亚原子层面（即构成单个原子的物质）运行，这使得其物理特性远比今天的标准机器更复杂、更强大。

由于这些机器惊人的计算速度，作为区块链主干的密码学可能会受到损害。量子计算机理论上有能力破解或解码我们今天使用的大多数密码保护机制。使用量子计算，人们可以非常迅速地确定密码，从而访问任何代币钱包或账户。

请记住，这不仅仅是对区块链的威胁；相反，这将是对几乎所有计算机基础设施的挑战。我们的电子邮件系统、信用卡网络、社交媒体和互联网商务依赖的加密技术很容易受到攻击。

但量子计算在成为真正的威胁之前还需要几年的测试时间。IBM 和谷歌使用的强大的机器高达 50 个量子位（量子计算的基本单位）——许多专家认为，一台量子计算机需要大约 1500 个量子位才能破解比特币的加密功能[1]。量子计算是很难实现的，因为它需要极其复杂的硬件和较低的温度，在物理上几乎不可能长时间模拟和维护。

密码学一直以来都是为了使系统的安全性变得过于耗时和昂贵而难以破解。如果量子计算机出现问题，可以迅速采取措施提高安全性。区块链可以通过额外的保护层进行升级。此外，密码管理器在今天也相当普遍。这些应用程序可以采取额外措施来确保私钥和密码不会受到破坏。因此，我们应该能够将我们的需求外包给专家，他们在确保每个人的安全方面有着既得利益。总之，在量子计算机成为真正的威胁之前，我们应该有足够的解决方案。

案例研究：新冠疫情——新型冠状病毒和区块链解决方案的需求

"我认为这是向数字化转型的一个机会。我相信这场危机将加速并促使人们使用各种形式的数字金融服务。"

——彼德·戈登，美国银行新兴支付部门总裁[2]

2020 年初新冠疫情的暴发给全球造成巨大冲击。新冠疫情将引发一场前所未有的人类、健康和经济的危机，这是现代世界从未见过的。新冠疫情迫使 100 多个国家的数亿人"待在家里"或"就地避难"，让人们无法上学、无法上班、无法在公共场所聚会。这一冲击对所有人来说都是严峻的、紧迫的和不可避免的。

疫情暴发后，资产价格大幅下跌。在最糟糕的时候，抛售导致的跌幅堪比 2008 年全球金融危机时的跌幅。融资市场出现了压力，信用利差以前所未有的速度飙升。随着市场波动加剧，流动性恶化，全球交易所陷入极度恐慌的状态。世界经济不得不为即将到来的深度衰退甚至萧条做好准备。

这些时刻暴露了我们全球经济体系的脆弱性。由于人们无法工作，商品无法自由流动，我们的供应链受到了影响，在疫情之前曾经如此容易移动的货币引擎开始崩溃。资本实际上是被冻结了，金融公司陷入困境，数百万人似乎在一夜之间被迫失业。人们对是否能够支付基本工资、抵押贷款、租金或贷款产生了疑问。这种不确定性导致了人们行为的巨大变化。许多难以想象的事件发生了，彻底动摇了我们的经济现实，例如：

---

① Billy Bambrough, "Could Google Be About To Break Bitcoin?", Forbes, October 2, 2019

② Kate Rooney, "Electronic payments look more appealing as people fear cash could spread coronavirus", CNBC, March 16, 2020.

1. 菲律宾证券交易所于 2020 年 3 月中旬暂停所有交易，为期两天[①]。

2. 美国存管信托公司（The Depository Trust Company，DTC）暂停了处理纸质证书的所有工作数周[②]。

3. 零售银行的分支机构因为害怕传染而纷纷关门[③]。

正如所有经济灾难时期所发生的那样，人们指望各个政府当局——地方、州和国家，还有我们最大的金融机构提供解决方案。事实上，各国政府很快通过了允许刺激和救济的立法。但问题是，实际的立法措施能否足够迅速地实施来平息正在发生的损害。

在美国，联邦政府决定向符合条件的个人支付 1200 美元。这些资金将为那些因危机而失去工作或财富缩水的人提供暂时的救济。它的目的是让人们有现金购买基本的生活必需品和履行支付租金等义务。财政部接到指示，要尽快偿还债务，以缓解人们的痛苦，并为苦苦挣扎的企业带来希望。不幸的是，系统出现了许多小故障，使其无法无缝推出。例子包括：

1. 许多公民难以接受和/或兑现支票。

2. 数百万在 H&R Block 或 Turbo Tax 等受欢迎的服务项目上缴税的人，没有将他们的直接存款信息存档。

3. 许多人收到了错误的金额的钱。

4. 欺诈者试图错误地索赔利益。

5. 有些人在 IRS（Internal Revenue Service，美国联邦税务局）网站上查询付款更新情况时，收到了"付款状态不可用"的信息。

在此期间可能还发生了许多其他问题和小故障。《华盛顿邮报》报道，1.5 亿笔支付在"经济纾困金"计划下，只有一半在前三周内完成[④]。新冠疫情首先是一场人类悲剧。无论事情出了什么问题，或者是如何出了问题，社会都不得不考虑是否需要优化工作来应对这种情况。这就引出了一个问题："数字货币能否提供一条更好的前进的道路？"

---

① Melissa Luz Lopez，"Stock market to reopen Thursday after 2-day shutdown due to COVID-19"，CNNPhilippines，March 18，2020.

② The Depository Trust Company. "Important Notice". March 26，2020.

③ Daphne Foreman，"Banking and Cash During COVID-19 Crisis：Some Branches Close，Yet ATM Fees May be Waived"，Forbes，March 30，2020.

④ Heather Long and Michelle Singletary，"Glitches prevent \$1，200 stimulus checks from reaching millions of Americans"，Washington Post，April 16，2020.

在美国，两项详细阐述了国家数字货币概念的法案被提交到众议院。俄亥俄州参议员 Sherrod Brown（谢罗德·布朗）等领导人讨论了现有美元[1]的数字化版本，文件显示，欧盟理事会也曾就数字欧元进行过类似的讨论[2]。国际组织也提出了货币数字化的想法。

"因此，新冠疫情可能会使人们更加关注中央银行数字货币（Central Bank Digital Currencies，CBDCs）的呼声，强调获得多种支付手段的价值，以及需要任何支付手段都能够抵御各种各样的威胁。"

——摘自国际清算银行 2020 年 4 月 3 日公报[3]

数字欧元或数字美元将比我们现在使用的货币摩擦小得多。在新冠疫情封锁期间，人们迫切需要现金，使用现金的速度和易用性至关重要。为什么只是为了让银行和票据交换所可以贷记他们的账户，数以亿计的人就要额外等待几天才能收到他们的钱呢？尤其是当一个更好的解决方案已经存在，替代方案的需求如此紧迫的时候，为什么我们的社会要继续接受这种延迟呢？为什么那些没有银行账户的人，在有更便宜的方法可用的情况下，必须承受使用高价支票兑现服务的成本呢？数字货币有助于降低风险，并带来更稳定的经济存在。使用数字支付方式有助于我们的社会实现多样化，形成新的经营方式。其他问题也可能会得到缓解——数字货币可以减少洗钱，帮助消除欺诈和停止伪造。现在似乎是时候真正将关于数字货币的辩论推向高潮，并决定是否应该推进一种新的电子支付方式。

区块链的其他应用还被讨论来解决新冠疫情引发的问题。阿拉伯联合酋长国等国家使用区块链和数字身份来加强抗击新冠疫情的斗争。中东国家确立了目标，制定了一些项目，允许公民远程访问政府服务，而不必访问实体办公室和服务中心[4]。像蚂蚁金服这样的创新公司采取措施帮助客户。作为刺激消费的一种方式，电子代金券通过支付宝传播。蚂蚁金服及其子公司网商银行扩大了通过移动应用提供贷款的项目。它们的贷款应用程序提供了一种无须人工干预的、可以在短短三分钟内发放贷款的方式。这些"非接触式"贷款旨在支持

---

① Nilkhilesh De and Zack Seward，"US Senate Floats 'Digital Dollar' Bill After House Scrubs Term from Coronavirus Relief Plan"，Coin Desk，March 24，2020.

② Samuel Stolton，"LEAK：EU in Push for Digital Transformation after COVID-19 Crisis"，Euractiv，April 6，2020，https://www.euractiv.com/section/digital/news/leak-eu-in-push-for-digital-transformation-after-covid-19-crisis/.

③ Danny Nelson，"Researchers at the Bank for International Settlements（BIS）Think COVID-19 may Accelerate the Adoption of Digital Payments and Sharpen the Debate over Central Bank Digital Currencies（CBDC）"，CoinDesk，April 3，2020.

④ Ledger Insights."UAE Uses Blockchain，Digital Identity to Battle Covid-19". Accessed April 16，2020.

全国近 1000 万家中小企业、个体工商户和农民。这一解决方案是理想的，因为在封锁期间有很多人被迫隔离。

"中国的服务业仍处于数字化转型的初级阶段，这意味着它有巨大的未开发的潜力。在新冠疫情持续期间，我们也看到了如何利用数字技术帮助服务提供商变得更加灵活，并对快速变化的市场环境做出有效反应。"

——胡晓明，蚂蚁金服首席执行官[1]

回顾历史，新冠疫情危机可能被认为是数字解决方案进展中的关键时刻。区块链应用程序现在正作为一种新的做事方式被最高权力人严格审查。数字金融科技公司表明，它们更倾向于远程工作，能够在不影响客户的情况下提供服务。事实证明，稳定币和智能合同是降低风险的强大工具。这场危机似乎让社会认识到金融发展的必要性，而走向数字化是未来可行的道路。

不过，金融科技公司千万不要急于抓住这个机会。这场危机有人性的一面，必须适当处理其情感因素。此外，数字领域的领导者必须小心，不要做出过度承诺——保持头脑冷静是至关重要的。虽然区块链提供了很多东西，但仍然可能会导致错误。仓促制定解决方案可能会导致失误，从长远来看可能是不利的。

新冠疫情期间还发生了一些令人感兴趣的事件。

尽管比特币和以太坊等加密货币的价值在新冠疫情开始时迅速下跌，但它们很快恢复了大部分损失——到 2020 年 4 月中旬，两种加密货币的交易再次实现上涨。全球股市则不同。加密货币交易所的交易量创下新高[2][3][4]。

随着大量资金涌入以太币和 USDCoin 等平台，对稳定币的需求急剧增加[5][6]。

Publix、Lidl 和 Bi-Lo 等零售商开始接受非接触式支付，因为现金被视为传播细菌的潜在途径[7]。

美国国土安全部认为区块链管理人员是一项"关键服务"[8]。

---

[1] Le Shen, "Alipay Announces Three-Year Plan to Support the Digital Transformation of 40 Million Service Providers in China", March 10, 2020.

[2] Coin Market Cap. Currencies-Bitcoin. Accessed April 16, 2020.

[3] Coin Market Cap. Currencies-Ethereum. Accessed April 16, 2020.

[4] Yahoo. Finance. Accessed April 16, 2020.

[5] Coin Market Cap. Currencies-USDCoin. Accessed April 16, 2020.

[6] Coin Market Cap. Currencies-Tether. Accessed April 16, 2020.

[7] Catherine Muccigrosso, "Charlotte grocery store update: Temperature checks, customer caps and contactless pay", Charlotte Observer, April 6, 2020.

[8] Joshua Stoner, "The COVID-19 Effect", Securities.io, March 24, 2020. https://www.securities.io/the-covid-19-effect/.

Paxos、BlockFi、Coin Desk 和 eToro 等区块链公司在整个危机期间继续招聘员工，因为服务需求仍在继续[1][2]。

11.12　本 章 小 结

1. 随着数字解决方案获得更好的特性和功能，在可预见的未来，用户数量应该会快速增长。

2. 加密货币是人们首次体验数字金融产品的典型途径。当新用户习惯使用加密货币时，必须采取的初始步骤之一是首先获得一个数字钱包。

3. 对技术有亲和力的千禧一代，似乎是使用证券型代币等数字解决方案的成熟群体。

4. 基于区块链的证券在隐私和安全方面需要做额外的工作。量子计算不仅对区块链构成了威胁，而且对我们整个在线基础设施构成了威胁——这些超快的计算机需要额外的保护层。至少在未来几年内，量子技术不太可能取得突破。

5. 新冠疫情等近期事件将加速区块链技术和数字资产的应用。

---

① Paxos. Careers. Accessed April 16，2020.

② Indeed. Find Jobs. Accessed April 16，2020.

第12章 结　　论

1. 教育是区块链广泛应用的关键。
2. 随着时间的推移，今天的区块链领导者可能会也可能不会保持他们的地位。
3. 仅有数字化是不够的——项目需要强大的经济基础才能成功。

12.1　教育的必要性

为了让证券型代币深入人心、成长和繁荣，金融市场的参与者需要进一步的教育。使用证券型代币将成为市场的发展趋势。但是为了充分发挥证券型代币的潜力，对于个人投资者，还有金融行业的从业人员、市场监管机构、试图发行证券筹集资金的企业家来说，还有许多术语和概念需要理解和吸收。这些术语令人困惑，并且难以理解。

技术上的突破使证券型代币对投资行业很有吸引力。但具有讽刺意味的是，正是这一技术因素以及对这一因素的恐惧，阻碍了投资行业使用证券型代币。在写这本书时，我一直在寻找方法，较少讨论技术细节，因为关于技术细节的讨论会让人们感到困惑和恐惧，而不去接受这一令人兴奋的机会。最终，人们将亲眼看到先于他们行动的其他人通过转变对证券型代币看法而获得价值——也许他们也会作出转变。但我们还没有看到证券型代币接受度的转折点。在此之前，我们必须采取公众更能接受这些术语和概念的方式。

为了说服人们参与数字证券，必须得使公众相信代币并不可怕，而且代币对他们更有利。金融科技公司必须寻找方法分离技术和界面，让每次交互更简单，对用户更友好。使用产品越简单，获取产品步骤越少，代币的应用速度将越快。

围绕数字资产和证券型代币基础设施的教育需要将重心转移至最终结果，即转移至区块链技术，而不是技术实际的复杂细节。宣传代币的好处，更有利于吸引更多人使用代币，促进其在投资行业的应用。如果你告诉一家金融企业，"我知道一种方法，可以在交易结算和后台成本上节省大量资金"，这家企业将会颇感兴趣。如果你对一个正在筹资的企业家说，"你听说过一种新的方法吗？能使发行证券的人融资成本更低，上市时间更短"，这令人激动，至少能吸引这个企业家几分钟的注意力。这种以节约成本和提高效率为主导的宣传方法往往比开始讲授区块链如何工作或定义证券型代币更有效。

但还能做些什么呢？目前两个最大的问题是监管许可和资金安全，如果投资行业能更好地解决这两个问题，对证券型代币的接受度可能会提高。

不幸的是，目前最容易获得证券型代币的是合格投资者。合格投资者通常都有一定数量的净值或收入。然而大多数合格投资者年龄较大，不太可能是在科技环境下长大的。所以对于大多数合格投资者来说，数字钱包是一个令人不安的话题，"监管许可"这个概念令人困惑。这是证券型代币应用的一个障碍，促使更多资金由合格投资者自行保存。

人们需要更习惯处理数字钱包。即使数字钱包的使用方式简单，而且没有包含复杂的投资产品，但仅仅开始使用数字钱包，对许多人来说将是一个巨大的进步。一旦人们熟悉数字钱包及其好处，他们就更有可能在使用数字钱包方面取得更大的进步。

机构投资者在推动领导、管理者和客户仔细研究数字资产方面犹豫不决，这主要由于存在监管障碍。即使机构投资者能得到利益相关者的支持，监管机构也可能因为监管问题不允许他们在数字资产这个领域做任何事情。但是一些机构投资者仍然在探索应对新风险的方法。一旦解决监管问题，机构投资者的兴趣很可能爆炸式增长。

见证证券型代币行业取得的进步令人难以置信，激动不已。没有很多正规的渠道来跟上证券型代币行业令人激动的发展进程，人们主要通过自我教育来学习证券型代币的相关知识，这很大程度上是由人们对知识的好奇心以及对这项技术突破可能产生的潜力满怀热情所推动的。

多年来，我一直在与人们讨论数字证券的可能性，每次讨论我都能感觉到人们从一开始就非常怀疑我说的内容。但是可能像发条一样，慢慢地，随着人们听到更多与数字证券相关的内容，他们对数字证券的兴趣会被逐渐激发。不久之后，他们就会全身心拥抱数字证券带来的可能性。

12.2　行业趋势——创造无现金社会：亚洲移动支付的兴起

近年来移动支付的使用在全球范围内呈上升趋势。智能手机技术的进步使任何人在任何地点、任何时间只需轻按手指或轻触屏幕，就可以使用支付服务。普华永道的研究发现全球近 1/3 的消费者线下购物使用移动支付[①]。支付平台如苹果支付（Apple Pay）、贝宝（PayPal）、微信（WeChat）、支付宝（Alipay）

---

① Shintya Felicitas，"Mobile payments：Asia leading the world"，Asia Fund Managers，August 12，2019，https://www.asiafundmanagers.com/int/mobile-payments/.

拥有数亿活跃用户，用户数量仍在不断增长。消费者和商家发现移动支付成本更低、更方便，事实上，许多消费者都希望在购买商品或服务时可以选择移动支付。

　　但是在不同国家，移动支付的使用情况差异很大。如今亚洲显然是使用移动支付的主要区域，该区域消费者使用移动支付的交易比例正快速上升。2018 年，中国移动支付市场增长了 58%，市场规模接近 28 万亿美元。如今中国大约 86% 的人通过如支付宝或微信进行移动支付交易[1]。其他亚洲国家也在效仿。泰国和越南超过 60% 的人购物时选择移动支付[2]。事实上，越南政府制订了一个计划，希望越南到 2027 年成为一个无现金国家[3]。目前世界上移动支付市场增长率最快的十个国家/地区中，有八个是亚洲国家或地区，而且这八个亚洲国家或地区的增长率明显比世界上其他国家增长率高，如图 12.1 所示。

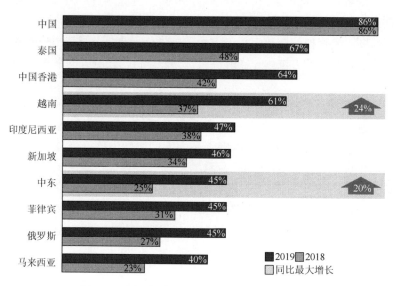

图 12.1　不同国家或地区移动支付市场增长率

数据来源：普华永道全球消费者洞察调查[4]

　　"亚洲仍然是引领消费者使用移动支付的主要力量。报告显示，前十名中有八个亚洲国家或地区，六个位于东南亚。2018 年，越南移动支付的使用率相对较低，随着移动支付平台显示出比传统商业手段更卓越的便利性，越南

① Shintya Felicitas, "Mobile payments: Asia leading the world", Asia FundManagers, August 12, 2019.

② Hagen Rooke, "Rise and Rise of Mobile Payments in Asia", The Garage, May 23, 2019.

③ Phuong Nguyen, "Southeast Asia's mobile payments face shakeout as market booms", Reuters, October 16, 2019.

④ PwC. "PwC Global Consumer Insights Survey". 2019.

的移动支付市场的增长速度最快。"

——谢里什·杰恩，普华永道战略与支付部总监[1]

移动支付的趋势产生了重要影响，将曾经没有银行账户的人们带入全球的金融生态系统。中国、印度、巴基斯坦和印度尼西亚没有传统银行账户的人口数量是世界上最多的。这些国家的移动支付明显提高了金融的普惠性。世界银行的研究显示：获取移动支付提供商或平台是摆脱贫困的关键一步。

移动支付行业快速发展取决于很多因素，其中一个因素是区块链。为了使这一领域继续蓬勃发展，并保持支付的流畅性，需要适当的机制来促进银行和其他行业参与者之间的数据传输。支付技术领域的领先企业也是区块链中最多产的专利申请者，这一点也不奇怪。腾讯和阿里巴巴分别是微信支付和支付宝的幕后推手，在 2019 年共拥有 1000 多项区块链专利。图 12.2 为不同公司区块链专利申请数。显然，这些世界领先企业正转向分布式账本技术，以巩固其在这一快速扩张领域的地位并扩大市场份额。区块链在移动支付中似乎非常理想，因为它为全球个人和小型企业提供低成本、透明、安全和包容性的金融服务。随着时间的推移，这项技术可能会得到更广泛的应用。

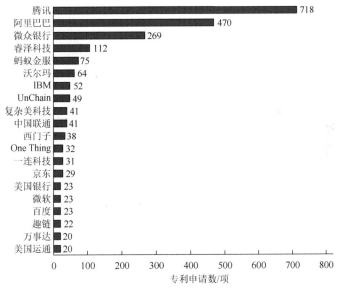

图 12.2　2019 年不同公司区块链专利申请数

资料来源：Google Patents，The Block[2]

---

[1] Eileen Yu，"Asia Driving Global Mobile Payments，with Eight in Top 10 Markets"，ZDNet，April 12，2019.

[2] Yogita Khatri，"Chinese Tech Giants Tencent，Alibaba Filed for The Most Blockchain Patents Last Year"，The BlockCrypto，April 12，2020.

12.3　蚂蚁金服

　　蚂蚁金服是中国著名企业阿里巴巴集团的一家子公司。它以支付宝闻名，支付宝是世界上最大的在线移动支付平台之一。如今，全球超过十亿人使用支付宝，未来十年使用人数有望翻一倍。这令人难以置信的影响力使支付宝成为除社交网络应用程序外世界上使用人数最多的应用程序之一。凭借庞大的用户群体和创新的领导地位，蚂蚁金服对亚洲的金融体系产生了巨大影响，而这种影响正波及全球。

　　蚂蚁金服的产品和服务很便捷，已经成为中国人日常生活至关重要的部分。瑞士信贷银行估计几乎 60% 的在线支付是通过支付宝完成的。虽然一些人认为蚂蚁金服只有支付平台支付宝，但蚂蚁金服远远不只是支付平台。蚂蚁金服还涉及资产管理、信用评分、小额融资、科技服务等领域。移动端最重要的货币基金余额宝规模超过 1500 亿美元——大约 1/3 的中国人在余额宝都有储蓄[①]。但从这个角度看，很容易发现蚂蚁金服已经成为一个强大的机构。

　　不仅限于中国，蚂蚁金服的海外扩张计划也取得了巨大进展。蚂蚁金服合作的国际金融机构超过 250 家，支持使用的货币种类超过 25 种。随着中国中产阶级的增长，去国外旅游的居民增多，非中国企业也渴望使用支付宝。这些因素都会推动蚂蚁金服成为全球支付的强大力量。过去几年，欧洲接受支付宝的商家数量增长了三倍，蚂蚁金服与欧洲许多数字钱包应用程序如 ePassi（芬兰）、Vipps（挪威）、MOMO（西班牙）、Pagaqui（葡萄牙）、Bluecode（奥地利）成为合作伙伴。2019 年 3 月，巴克莱银行扩展了与蚂蚁金服的协议，使英国的零售商可以使用支付宝。蚂蚁金服也采取措施，将业务成功扩展至美国、印度、东南亚[②]。

　　蚂蚁金服取得令人瞩目的成功得益于它致力于创新和创造领先的技术。这家公司是利用技术，为消费者创造有益、必要和独具竞争力产品和服务的典范。

　　"蚂蚁金服致力于构建技术并将其应用到正确的地方，以实现金融服务的规模化。"

——井贤栋，蚂蚁金服执行主席[③]

　　蚂蚁金服与客户交互相关的技术发展令人印象深刻。蚂蚁金融在许多方面使用区块链，有时在发行产品时，它们宣称该产品使用了区块链。其他时候，区块链技术只是蚂蚁金服后台的技术，用户完全不知道区块链的存在。对于发挥区块链的作用，这种双管齐下的方法非常明智和必要。

---

① Stella Yifan Xie，"More Than a Third of China Is Now Invested in One Giant Mutual Fund"，Wall Street Journal，arch 27，2019.

② Wikipedia."Ant Financial". Last modified February 22，2020.

③ Asia Money."Ant Financial: How a Bug Took on the World". Euro Money. September 26，2019. https://www.uromoney.com/article/b1h7mtyfd5d8lg/ant-financial-how-a-bug-took-on-the-world.

举一个隐藏区块链的例子。在一个标准的支付宝交易实例中，客户并不需要知道促进交易以及将资金从一方转移到另一方的所有内部运作。消费者担心的仅仅是支付的可靠性、安全性和效率。只要满足可靠、安全、高效，用户就会满意。当使用服务或功能时，人们并不关心隐藏的所有东西，只关心功能是否按照预期实现。把这个想象成从水槽里接一杯水。你不需要或者没必要知道水来自何处，如何净化水或者水通过哪条管道到达你家。你只需要知道，当你转动水龙头时，你可以接到干净的水。没有必要知道其他的细节。

另外，有时候消费者确实需要了解更多与技术相关的信息。比如蚂蚁金服发布"区块链开发联盟"时，这是一个面向小微企业的企业区块链平台。创立这个平台是为了使小微企业能够以较低的成本，在有限的时间内开发自己的区块链应用程序。

支付宝的客户可以利用蚂蚁金服已经建立的平台来改善他们的业务。这个平台促进了使用区块链开发食品跟踪、医疗保健、农产品监控应用程序的发展。在这个实例中，蚂蚁金服认为它能通过开放这个平台，为客户提供最好的服务，满足客户的需求。如果这些客户成功了，蚂蚁金服也能提高支付宝资源配置的效率[①]。

"在过去两年，蚂蚁金服一直专注于区块链的两个方面。一方面是改进技术，另一方面是开放技术并加速区块链应用的商业化。"

——蒋国飞，蚂蚁金融智能科技集团总裁[②]

蚂蚁金服基于以上两个方面成功将区块链引入市场，利用了非常明智和有效的市场营销手段将区块链推向大众。这对蚂蚁金服和中国整个社会都是非常有益的，这也是亚洲国家利用这一变革性技术获益远远超过西方国家的原因之一。

12.4　谁将在这场争夺区块链主导地位的竞争中获得成功——注意事项

史蒂夫·乔布斯："我们比你强，我们有更好的产品。"

比尔·盖茨："史蒂夫，你不明白。这不重要。"

——摘自 1999 年电影《硅谷传奇》[③]

先发优势的概念很简单，不管是产品还是市场，率先在新的市场空间开发新

---

① Le Shen，"Alipay Announces Three-Year Plan to Support the Digital Transformation of 40 Million Service Providers in China"，Business Wire，March 10，2020，https://www.businesswire.com/news/home/20200309005906/en/Alipay-Announces-Three-Year-Plan-Support-Digital-Transformation.

② Marie Huillet，"Ant Financial Aims to Launch Its Enterprise Blockchain Platform This Month"，Coin Telegraph，January 8，2020.

③ "Pirates of Silicon Valley"，directed by Martyn Burke，featuring Anthony Michael Hall and Noah Wyle（Haft Entertainment，1999）.

产品的企业更可能成为行业标准脱颖而出，品牌得到消费者的认可，而且比新进入者更具有规模优势。消费者的品牌忠诚度促进企业持续增长。随着产品用户数量的增加，企业规模增大，消费者转换成本提高。之后率先开发产品和市场的企业能获得近乎垄断的地位和高回报。

但请记住，先发优势只是一个指导方针而不是规则。虽然科技公司通常认为，如果它们能快速行动，并且先于其他公司，那么它们就会获得优势。但经常会出现这样的情况：现有企业在最初的市场中陷入困境，无法满足不断变化的市场需求。

历史视角：先发优势

MySpace（以及成立时间更早的 Friendster）是社交媒体第一批重要的参与者，很多人使用 MySpace 的网页并建立自己独特的社交媒体页面。Facebook 出现却晚得多，为不同的群体提供了一种新的更好的产品，这些群体品位不同，更能掌握和利用科技[①]。由于更时髦、更前沿的平台更可能吸引年轻用户，Facebook 发展迅速。MySpace 陷入了两难境地：要么保持现有用户群体不变，要么重新设计网站以追求更广阔的市场。第一个选择发展空间有限，第二个选择风险较大。如果 MySpace 推出新的页面模式，很可能会激怒熟悉原有页面的现有用户，而且现有用户或新客户是否接受新的网页设计也不确定。由此可见，产品发布时，产品灵活性和卓越设计至关重要。"在飞行途中重建飞机"往往太难了！

为了长期保持先发优势，产品必须在行业中具备强大的竞争优势，或与其他竞争产品明显不同。

数字金融市场仍处于发展的初期阶段。在许多情况下，最先进入市场的产品往往能占领市场的主导地位，保持估值溢价。比特币和泰达币仍然分别是主要的加密货币和稳定币，这很可能是由于比特币和泰达币具有先发优势。交易量和流动性是市场成功运作的关键，拥有一个成熟、忠诚的用户群体产生的网络效应似乎使这两种产品牢牢占据了它们的市场主导地位。

但在稳定币市场，我认为有几种稳定币的基本面比泰达币好。这是因为泰达币有如下缺陷。

（1）可疑储备量：泰达币最初规定每个泰达币对应一美元储备。但是 2019 年 3 月，这一主张被修改为包括对附属公司贷款的支持，即每个泰达币价值不仅

---

① Wikipedia. "MySpace". Last modified April 17, 2020.

包括一美元价值，还包括其附属公司贷款对应的价值。调节泰达币价值和数量的组织 Tether Limited 是否拥有足够的储备量，以及这些储备量的估值是否受到市场条件变化的影响，都受到了质疑。此外，Tether Limited 未能提供其承诺的有关泰达币储备量的审计财务报表①。

（2）赎回政策：Tether Limited 规定泰达币的所有者没有法定权利或保证将泰达币与美元兑换或用美元赎回泰达币。

这两个因素导致泰达币的交易价格多次跌破 1 美元的理论价值②。区块链的主要优势之一是它应该增强信任，但泰达币未能充分发挥这一优势。当投资加密货币或代币时，阅读发行文件和寻找未经审计的资产或未由第三方保管的资产等危险信号是必要的。

在写这本书时，其他的稳定币似乎有更健全的运行政策和更透明的报告披露。如果市场处于竞争激烈时期，泰达币作为主导稳定币的地位可能再次面临压力。稳定币市场的转换成本相对较低，使用泰达币以外稳定币的人可能也不会受到现行市场参与者的严厉惩罚。

迄今为止比特币是市值最大的加密货币③，因为它在全球的知名度远远超过其他加密货币。作为第一个进入市场的加密货币，比特币被视为一种独立的加密货币，通常也认为它的技术特征不如其他加密货币明显。比特币在市场上获得创新者如 Lightning Network 的信任，Lightning Network 还宣称其有望提升比特币的交易速度和吞吐量④。

比特币能否真正成为“数字黄金”，目前尚未有定论。虽然它没有其他资产的支持，技术目前还没有显示出与市场上其他资产的可比性，但凭借“比特币”这一类似品牌的名称和网络效应，比特币的价值仍将继续上升，巩固其在数字经济领域的地位。

12.5　大鱼，小鱼和巨鲸

“这个世界存在大鱼和小鱼，但我们希望成为快鱼！”

——埃德·图伊，世界上第一家在国家证券交易所公开上市的证券型代币公司

MERJ Exchange Limited 首席执行官⑤

---

① Frances Coppola, "Tether's U.S. Dollar Peg Is No Longer Credible", Forbes, March 14, 2019.

② CoinMarketCap. "Tether Charts". Charts. Accessed April 1, 2020.

③ CoinMarketCap. "Top 100 Cryptocurrencies by Market Capitalization". Rankings. Accessed April 1, 2020.

④ CoinTelegraph. "What Is Lightning Network and How It Works". Accessed March 21, 2020.

⑤ Rakesh Sharmak, "Seychelles National Stock Exchange Offers Tokenized Shares in its IPO", September 12, 2019. https://coinnotes.news/2019/09/12/seychelles-national-stock-exchange-offers-tokenized-shares-in-its-ipo/.

大公司已经注意到区块链和证券型代币在金融行业的重要作用，这是毫无疑问的，而且它们正在采取行动。在前面的章节中，我们讨论了 Facebook、沃尔玛、富达采取的行动。高盛、摩根大通银行和其他类似的银行也利用区块链实现部分后台的工作。服务提供商如路透社、彭博社正在寻求建立自身的数据库和信息系统，以使用户能及时了解区块链行业的进展。普华永道和致同现在可以提供数字领域的审计和咨询服务。采取类似行动的公司还有许多。C-Suite 管理层知道区块链和证券型代币的发展潜力以及忽略区块链和证券型代币风险是巨大的。凭借强大的品牌实力、充足的人员、丰富的可支配资源，至少在理论上，相比初创的金融科技公司，大公司应该有明显优势。

但根据我的经验，在大型欧洲金融服务公司工作既有积极的一面，也有消极的一面。一方面，大公司拥有强大的分销能力，这需要几十年的积累；另一方面，推出某种类型的新平台或想法的步伐有时似乎相当缓慢。一家大型企业的官僚主义往往使进步的速度如匍匐前进般缓慢，只有管理好的公司中的佼佼者才能克服这个问题。很多情况下，庞大和僵化的硅谷巨头扼杀了创新。《财富》世界 500 强企业的董事会会议室经常坐满了高管，但他们都不讨论问题或机会，以免被视为不熟悉某个领域或不如其他人精通。大型企业正视问题和机会之前，需要解决争夺控制权、挫败感、个人恩怨、教条主义和历史遗留问题等，这些问题通常也导致顶尖人才寻找其他职业机会。

因此，这一新兴领域中规模较小的竞争对手拥有强大的内在力量。当一个市场面临转折点时，就像当今金融市场面对区块链和证券型代币一样，往往是更灵活的新进入者有意愿和能力快速行动，适应即将到来的变化，并根据市场需求的变化开发新兴前沿的产品。强大稳定的公司往往故步自封，没有灵活的组织和激情迎接挑战。纵观历史，消费者以指数级的速度应用突破性技术，而且往往是更前卫、更具开拓性的公司占据市场的主导地位。

此外，介入有风险的经营项目或市场机会会对企业公众形象和高管自身声誉产生影响，这是大多数高管希望避免的。许多情况下，大公司认为这只是一场它们不想参与的游戏，一定程度上它们也没有必要参与。大型企业通常可以等待，在有限的时间内观望事态如何发展。凭借充裕的资金，它们之后可以购买创新创业公司积累的技术、功能和客户。当然，届时的谈判条件不再对它们有利。

无人知晓谁将在这场即将到来的数字经济竞争中获胜。这是一个全新的领域，游戏规则尚未确定。参照历史，我们发现过早地将任何人排除在外是不明智的。虽然未来不一定重演历史，但历史至少可以为我们提供参考，以便我们寻找尘埃落定时这场竞争的赢家。最终赢家将由消费者决定。

12.6　历史视角：互联网繁荣时期的巨头，现在在哪？

你不能保证永远处于行业领先地位。20 世纪 90 年代中期进入信息时代，互联网快速发展。尖端公司发布产品以在这个迅速扩大的市场中占有一席之地；媒体和华尔街将美国的公司分为两大阵营："新经济"和"传统经济"。信息科技公司属于新经济公司，其他一切都是过时、落后的。

在看似赢家通吃的信息时代，竞争十分激烈，成功的企业往往能获得丰厚的回报。这种新热潮吸引了投资者，他们渴望购买一家可能成为下一个大公司的股票。

美国在线（America Online）：互联网服务提供商让用户能访问互联网。CompuServe 和 Prodigy 是这个领域早期的企业，为大多数用户提供了有限的互联网访问路径和电子邮件交流服务。然后美国在线横空出世。凭借朗朗上口的"你有邮件"（You've Got Mail）口号和订阅模式，美国在线成为网络上不可阻挡的力量，逐渐成为全球主要的在线服务提供商，拥有超过 2500 万[1]的美国用户。

随着时间推移，有线电视公司意识到，它们拥有占领互联网服务这个市场所需的资金和连接终端客户的渠道。AT&T（美国电话电报公司）和 Version 开始利用宽带技术，使用户能更快连接互联网。而美国在线受拨号用户的拖累，很难重塑品牌，也很难找到在新竞争体制下的有效方式。美国在线和其他拨号服务提供商早已落后于时代，曾经的辉煌不复存在。

网景公司（Netscape）：网络浏览器是帮助用户查找和显示网站页面的应用软件。1994 年，互联网席卷全球时，网景浏览器（Netscape Navigator）发布，迅速成为最受欢迎的网络浏览器。1995 年网景 IPO 非常成功[2]，发行价是最初招股价格 28 美元/股的两倍。上市首日收盘价接近 60 美元/股，市值接近 30 亿美元。

同年微软发布 Internet Explorer，加入网络浏览器市场，一场残酷的"浏览器战争"接踵而至。微软主导了网络浏览器市场，市场份额快速提升，因为它可以将 Explorer 和 Windows 操作系统免费捆绑在一起。网景公司通过创建 Mozilla 基金会用以支持继续生产网络浏览器 Firefox 实现反击。尽管如此，网景公司和微软都未能在浏览器领域保持它们曾经的领先地位。苹果浏览器（Apple Safari）自 2003 年推出以来一直占据苹果平台的主导地位，谷歌浏览器（Google Chrome）

---

[1] Wikipedia. "AOL". Last modified March 18，2020.

[2] Wikipedia. "Netscape". Last modified February 27，2020.

则自 2012 年以来一直占据其他平台的主导地位[①②]。

雅虎（Yahoo!）：网络搜索引擎是一种允许用户系统浏览网络内容的软件系统。随着互联网开始在美国家庭中发挥重要作用，AltaVista、Lycos、Infoseek 和其他企业竞相成为网络搜索的首选提供商。雅虎最终大受欢迎。雅虎用户规模迅速扩大，并于 1996 年上市[③]。经过股票分割调整，雅虎股票的价格从 IPO 时不足 1美元，到 2000 年初互联网泡沫达到顶峰时超过 100 美元。但股票价格达到顶峰约18 个月后，下跌超过了 90%[④]。

截至 2000 年，谷歌凭借智能排名算法产生客户更喜欢的搜索结果，成为搜索引擎市场真正的赢家。谷歌吸引了大量用户，其他搜索引擎企业意识到它们的搜索技术和经营模式已经过时和衰落。如今谷歌掌握了搜索引擎市场超过 90% 的市场份额，雅虎（Yahoo!）市场份额低于 2%[⑤]。幸运的是，雅虎在其繁荣时期明智分散了部分资产，并对雅虎日本和阿里巴巴进行了精明的投资。

然而，并非所有互联网繁荣时期的巨头都被淘汰了。科技发展和整体经济最终进入稳定状态。亚马逊、易趣网、谷歌在各自领域占据了主导地位。互联网泡沫提供了有趣的视角，让我们得以观察在新兴领域商业环境的快速变化。投资者和项目经理必须对当前的"传统智慧"保持谨慎。互联网不仅在这一泡沫时期幸存下来，而且在接下来的 20 年中愈发壮大。然而当方向错误时，过度乐观的人们未能幸存。这个时期提醒我们尽职调查、多元化的重要性，以及我们要有随环境变化而改变的意愿。

12.7　关于投资的注意事项

证券型代币的功能为投资者带来了巨大的好处。证券型代币定位于开拓新领域、降低成本、提高效率、缩短执行时间。考虑证券型代币相对于传统纸质证券的潜力，数字形式的证券至少和纸质证券价值相等。想一想这个例子，如果一支棒球队伍用笔记本记录比赛数据，并把这些笔记本放在储藏室里，这个储藏室是有价值的。如果比赛数据的所有信息都放在电脑里，只需按一下按钮就可以对数据进行排序、计算和分析，那么同一个数据集的价值是多大呢？这种类型的增量有用性、多功能性和便利性也应该作为任一金融工具的补充特性。

华尔街一直寻找合同更具灵活性、上市时间更短和符合监管要求的投资工具，

① Alex Planes，"The IPO That Inflated the Dot-Com Bubble"，Motley Fool，August 9，2013.

② Wikipedia. "Browser Wars". Last modified February 24，2020.

③ Wikipedia. "Yahoo！". Last modified February 20，2020.

④ MikeMurphy，"Yahoo's Share Price Since its IPO in 1996"，The Atlas，Accessed April 8，2020.

⑤ Wikipedia. "Web Search Engine". Last modified March 19，2020.

但是我们不应该仅仅沉迷于这些令人激动不已的全新的可能性，而忘记了对于购买的金融产品，投资者总是对想法、人员、团队、商业模式和竞争优势最感兴趣。一个项目首先需要生产高质量的增值产品或服务，如果一个项目不能独立自主并产生有吸引力的回报，那可能真的没有人会参与这个项目。

如果一个项目从基本面角度考虑不是好的投资，那么无论相关技术多么炫目，都无关紧要。

人们想要投资的是基础资产而不是包装物。所以首先要聚焦于你购买的资产、你的资金配置情况和你的合作伙伴。每个金融产品背后的数字化技术都只是锦上添花。

12.8　本 章 小 结

1. 广泛应用证券型代币之前，关于证券型代币的教育是必要的。

2. 如今区块链领域的竞争格局未来可能会改变。

3. 小型初创企业在发展证券型代币和新的金融市场基础设施方面可能发挥关键作用。

4. 仅有数字化是不够的，数字金融需要强劲的基本面才能成功。

其他学习资源

数字资产新闻网站

1. cointelegraph.com
2. cryptonews.com
3. securities.io
4. decrypt.co
5. cryptovest.com
6. tokenmarket.net

博客与 YouTube 媒体

1. Security Token Academy with Adam Chapnick

汇总了有关证券型代币和证券型代币产品的新闻、见解以及信息的重要来源。The Security Token Academy 提供了在线视频内容和现场活动，其中包括对行业专家的采访、区块链项目审查和监管分析。

该组织的网站在其 Security Token Edge、The Digital Wrapper 和 Security Token Stories 部分拥有丰富的内容。

2. Off the Chain with Anthony Pompliano

这个受欢迎的播客有许多讨论金融市场上的新老玩家如何看待数字资产的内容。该节目提供了多元角度的见解，并涵盖了区块链扰乱金融世界的许多方面的案例。

主持人 Anthony Pompliano（安东尼·庞普利亚诺），简称为"Pomp"，经常采访华尔街一些最受尊敬的人物。通常围绕区块链的使用、风险和收益展开。

3. DataDash with Nicolas Merten

可能是涵盖加密货币的最大的 YouTube 频道之一。讨论围绕所有加密事物展开，并倾向于科学和数据分析。

主持人 Nicholas Merten（尼古拉斯·默顿）是一位备受尊敬的加密货币分析

师，在主要的国际区块链会议上处于领导地位。

4. BnkToTheFuture with Simon Dixon

作为加密货币的早期使用者，BnkToTheFuture 长期以来一直处于数字化的前沿。该公司促进了对区块链和金融科技公司的投资。该集团坚信未来金融将受到区块链的强烈影响，并且将使用该技术开发新的创新产品。主持人 Simon Dixon（西蒙·狄克逊）大约每周直播一次。

5. Security Token Show with Kyle Sonlin（凯尔·索林）& Herwig Konings（赫维希·科宁斯）

这个每周播出一次的节目是第一个直接关注证券型代币的节目。企业家 Kyle 和 Herwig 将每期聚焦代币化的一个特定主题，同时突出他们的"每周项目"以及数字化的最新消息和趋势。

6. Bitcoin Radio with Joe Blackburn and Amanda Schmidgall

这个博客回顾了加密领域的最新消息和热门话题。节目提供了很多轻松、愉快的讨论和与客人丰富多彩的采访。

7. Coin Bureau with Guy "The Crypto Guy"

这个 YouTube 频道的特色是深入探讨数字领域的新项目、交易和趋势。节目展示了精心研究的内容和高质量的产品。

区块链和数字金融领域的领先组织

1. 阿肯色大学山姆·M. 沃尔顿商学院区块链卓越中心（The Blockchain Center of Excellence in Sam M. Walton College of Business at the University of Arkansas）

成立于 2018 年，目标是使沃尔顿商学院成为区块链应用研究和教育界首屈一指的学术领导者。区块链卓越中心，由 Mary C. Lacity（玛丽·C. 拉西蒂）博士领导，在区块链课程和研究中与阿肯色州的主要公司合作，包括世界上最大的零售商之一沃尔玛。

blockchain.uark.edu

2. 区块链研究中心（Blockchain Research Institute）

这家总部位于多伦多的智囊团就如何更好地定位自身以充分获取区块链革命的好处向各组织提供咨询。创始人 Don（顿）和 Alex Tapscott（亚历克斯·塔普斯科特）是世界知名的演说家和畅销书作家。该集团的社区包括 60 多个成员机构，涵盖了政府机构、学术研究人员以及财富 500 强企业。

blockchainresearchinstitute.org

3. 加州大学洛杉矶分校区块链（Blockchain at UCLA）

这个大学生经营的社区旨在促进区块链领域的网络、研究和教育。该团体通过校园活动和社区活动创造机会。

blockchainatucla.com

4. Dusk Network

该小组旨在解决区块链解决方案中的隐私、可扩展性和合规性问题。该集团的一个目标是为数字资产和证券创建智能合同。

dusk.network

5. 剑桥研究中心（Cambridge Research Hub）

英国智库致力于推动区块链政策的发展。剑桥研究论坛旨在成为区块链学习的枢纽，汇集了政府、行业和学术界人士。

cambridgeblockchain.org

加密货币交易所

1. Binance – binance.com
2. Huobi – huobi.com
3. Etoro – etoro.com

去中心化金融或"DeFi"产品

1. SALT – saltlending.com
2. Figure Technologies – figure.com
3. Home Loan Experts – homeloanexperts.com.au